시편의 교회

Church of the Psalms

시편의 교회

Church of the Psalms

이성희 지음

Lee, Sung Hee

한국장로출판사

이 작은 책이
한국교회가 교회를 사랑하는 작은 힘이 되기를 기대하면서
이 땅에 교회를 주신 주님께 영광을 돌립니다.

서 문

　오랜 역사를 가진 교회를 목회하면서 후학들을 가르치는 목사로서 늘 소박하지만 작지 않은 한 소망을 가지고 있습니다. "어떻게 하면 실추된 교회의 영광을 회복할 수 있을까?" 하는 것입니다. 한국교회가 교회의 영광을 재현하기 위하여 가장 필요한 것은 내가 섬기는 교회가 교회의 바른 모습을 갖추어야 하리라는 확신을 가지고 있었습니다. 교회를 사랑하고, 교회를 생각하고, 교회와 함께 아파하는 목회자의 심장을 상실하지 않으려고 애를 쓰고 있었습니다.

　이태 전 40일 특별새벽기도회를 준비하면서 구약성경을 읽는 가운데 가슴을 치는 충격을 느꼈습니다. 솔로몬의 성전봉헌의 기도가 이 시대에 필요한 우리의 기도로 다가왔기 때문입니다. 만일 주의 백성들이 주께 범죄하게 되었을 때에 성전에서 주님께 빌면 주님은 주님의 백성 이스라엘의 죄를 용서해 달라고 하는 기도입니다. 그때 성경에 손을 얹으며 "아, 이것이야말로 세상에 대한 교회의 존재구나!"라고 혼자 소리쳤습니다. 세상이 하나님을 떠나 범죄할 때 교회는 세상을 위해 기도해야 하며 교회의 기도는 세상의 죄를 사하게 하는 능력이 있어야 합니다. 그리고 올해 다시 사순절 40일 특별새벽기도회

Foreword

를 위해 준비하던 중 시편을 읽는 가운데 시편에 나타난 기자들의 하나님의 성전 사랑에 눈이 번쩍 떠졌습니다.

　다윗을 비롯한 시편의 기자들이 하나님의 전을 사모하는 마음이 시편에 절절히 나타나 있습니다. 그래서 다시 150편의 시편들을 읽으면서 하나님의 전을 찾아보았습니다. '여호와의 집', '성전', '성소', '궁전', '뜰' 등 하나님의 성전을 뜻하는 말들이 많은 것을 발견했습니다. 그래서 이를 「시편의 교회」라고 나름대로 이름 하였습니다. 그리고 40일 특별새벽기도회의 주제를 이것으로 정하였고, 고난주간을 뺀 사순절 새벽마다 시편에 나오는 하나님의 교회를 묵상하고 교회 사랑을 다시 한번 익혔습니다.

　최근 한국교회는 위기상황을 맞이했습니다. 사회를 위한 존재가 되어야 하며 사회를 구원하는 힘이 되어야 함에도 불구하고, 세상이 교회를 걱정한다는 말을 많이 듣습니다. 정보의 힘은 교회의 약점을 적나라하게 드러내고 교회에 힘을 삼킵니다. 초대 한국교회가 가지고 있던 교회의 영광이 사라지고 상처투성이로 생명을 부지하고 있습니다. 그러나 교회는 절대로 죽지 않습니다. 하나님의 교회는 주인이신 하나님 때문에 삽니다.

　이 땅의 교회가 하나님의 교회가 되기 위해서는 작은 교회인 성도가 교회의 모습을 회복해야 합니다. 하나님의 교회를 사모하며 백성들의 삶의 중심이었던 성전의 힘을 회복해야 합니다. 그래서 교회가 세상의 죄를 사하고 세상의 병을 치유하는 능력이 있을 때 교회는 다시 그 영광을 회복할 것입니다.

　40일 특별새벽기도회 시간에는 성도들과 함께 시편을 묵상하는 뜻에서 문답식으로 성경을 공부하였습니다. 본문에서 두 개의 대지를 질문 형식으로 만들었고 매일 새벽, 성도들에게 설교안을 주어 빈칸의 단어들을 머리에 심어 주려고 애썼습니다. 매일의 말씀에 그날의 설교안을 첨부하였습니다. 마지막 고난주간에는 십자가를 묵상하였습니다. '십자가는 사랑입니다', '십자가는 공의입니다', '십자가는 화해입니다', '십자가는 복종입니다', '십자가는 희생입니다', '십자가는 부활입니다' 가 고난주간, 엿새 동안의 묵상 제목입니다.

　이 「시편의 교회」를 책으로 묶어 보았습니다. 이것을 책으로 묶으면서는 독자들을 위해 설교를 중심으로 구성했고, 이를 읽은 후 내

Foreword

　삶을 돌아볼 수 있는 묵상의 질문을 실었습니다. 이를 통해 우리의 삶이 하나님의 성전으로 회복되기를 바라는 마음입니다.

　40일 동안 함께하여 주신 모든 성도들에게 감사드립니다. 특히 매일 새벽, 강단 아래에서 무릎을 꿇고 함께 기도하신 장로님들과 중보기도팀 여러분들의 무릎에 더욱 기도의 힘이 있기를 기도합니다. 이 책을 출판해 주신 한국장로교출판사 채형욱 사장님과 수고하신 직원들에게도 감사의 말씀을 전합니다. 이 작은 책이 한국교회가 교회를 사랑하는 작은 힘이 되기를 기대하면서 이 땅에 교회를 주신 주님께 영광을 돌립니다.

2012년 11월
도심 수도원에서 **이성희 목사**

차 례

서문 _ 6

°1주

성전을 향하여 예배하자(5 : 1-7) / 14
여호와께서는 그의 성전에 계십니다(11 : 1-4) / 20
하나님은 성전에서 내 소리를 들으십니다(18 : 3-6) / 26
성소에서 나를 도와주십니다(20 : 1-3) / 32
여호와의 집에 영원히 삽니다(23 : 1-6) / 38
내가 주님의 집을 사랑합니다(26 : 8-11) / 44
내 평생에 여호와의 집에 삽니다(27 : 1-4) / 50

°2주

주의 지성소를 향하여 나의 손을 듭니다(28 : 1-3) / 58
모든 것이 성전에서 여호와의 영광을 말합니다(29 : 8-10) / 64
주의 집에 있는 살진 것으로 풍족합니다(36 : 5-8) / 70
믿지 않는 자를 하나님의 집으로 인도합니다(42 : 1-4) / 76
주의 전에서 인자하심을 생각합니다(48 : 9-10) / 84
나는 하나님의 집의 푸른 감람나무 같습니다(52 : 6-8) / 90
원수가 하나님의 집에 함께 있습니다(55 : 12-16) / 96

Contents

°**3주**
주의 뜰에 살게 하신 자가 복이 있습니다(65:1-4) / 104
제물을 가지고 주의 집에 들어갑니다(66:10-14) / 110
주의 전을 위하여 예물을 드립니다(68:26-29) / 116
주의 집을 위하는 열성이 나를 삼킵니다(69:6-9) / 124
하나님의 성소에 들어갈 때에 깨달았습니다(73:15-17) / 130
주의 성소를 불사르며 더럽혔습니다(74:4-7, 79:1-4) / 136
성소를 산처럼 높게 지으셨습니다(78:65-69) / 142

°**4주**
주의 집에 사는 자들은 복이 있습니다(84:1-4) / 150
여호와의 집에서 번성합니다(92:12-15) / 156
거룩함이 주의 집에 합당합니다(93:1-5) / 162
능력과 아름다움이 성소에 있습니다(96:1-7) / 168
여호와께서 성소에서 굽어보십니다(102:19-21) / 174
우리 집을 여호와의 성소가 되게 하셨습니다(114:1-2) / 180
여호와의 성전 뜰에서 지킵니다(116:17-19) / 186

°**5주**
여호와의 집에서 축복합니다(118:24-26) / 194
여호와의 집에 올라가면 기쁩니다(122:1-4) / 202
여호와의 처소를 발견합니다(132:1-5) / 210
성전에서 여호와를 송축합니다(134:1-3) / 218
성전에 있는 우리가 여호와를 찬송합니다(135:1-3) / 224
주의 성전을 향하여 예배합니다(138:1-2) / 230

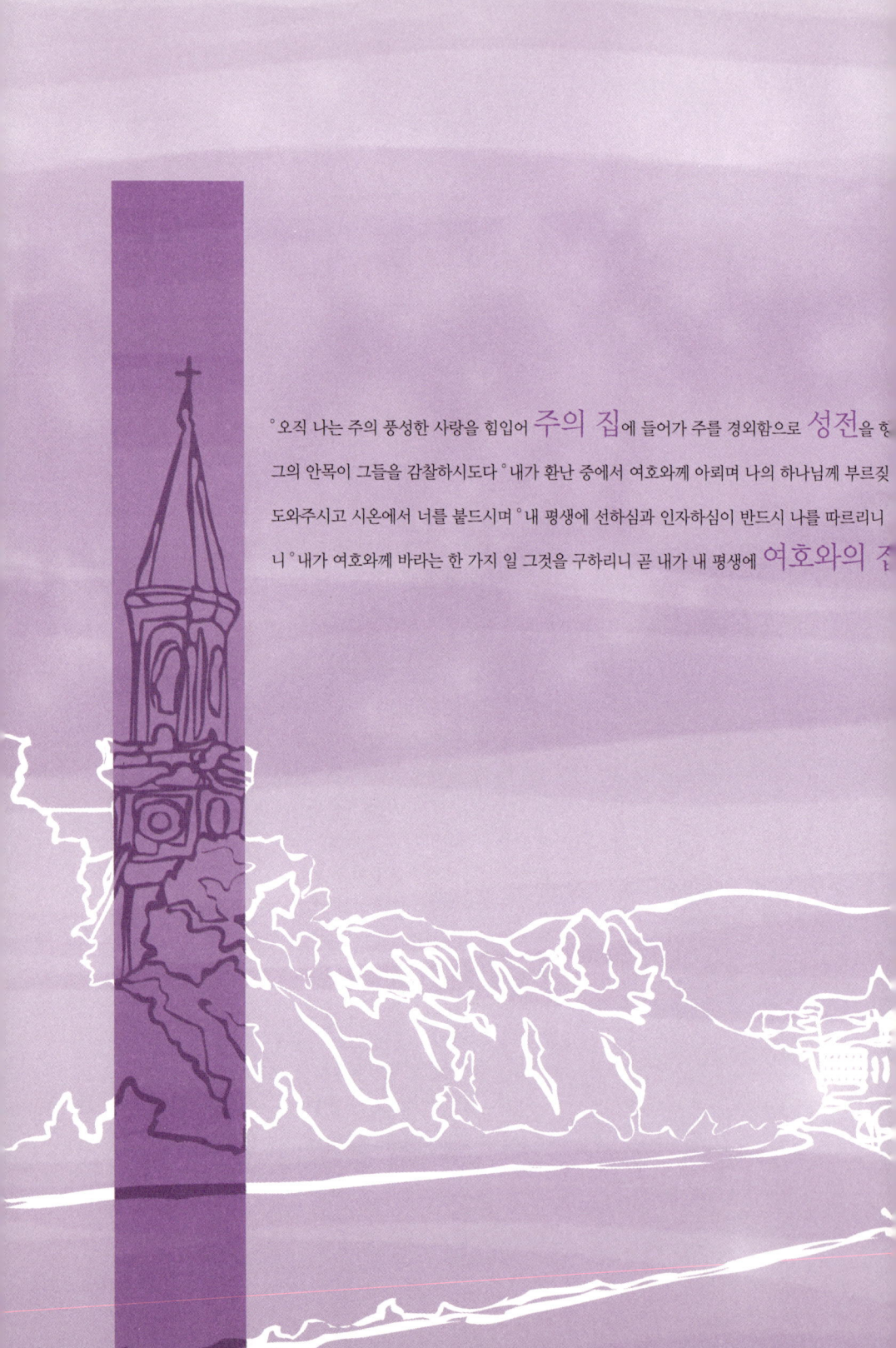

°오직 나는 주의 풍성한 사랑을 힘입어 주의 집에 들어가 주를 경외함으로 성전을 향
그의 안목이 그들을 감찰하시도다 °내가 환난 중에서 여호와께 아뢰며 나의 하나님께 부르짖
도와주시고 시온에서 너를 붙드시며 °내 평생에 선하심과 인자하심이 반드시 나를 따르리니
니 °내가 여호와께 바라는 한 가지 일 그것을 구하리니 곧 내가 내 평생에 여호와의 집

1주

Church of the Psalms

리이다 °여호와께서는 **그의 성전**에 계시고 여호와의 보좌는 하늘에 있음이여 그의 눈이 인생을 통촉하시고
그의 성전에서 내 소리를 들으심이여 그의 앞에서 나의 부르짖음이 그의 귀에 들렸도다 °**성소**에서 너를
와의 집에 영원히 살리로다 °여호와여 내가 **주께서 계신 집**과 주의 영광이 머무는 곳을 사랑하오
여호와의 아름다움을 바라보며 **그의 성전**에서 사모하는 그것이라

¹여호와여 나의 말에 귀를 기울이사 나의 심정을 헤아려 주소서 ²나의 왕, 나의 하나님이여 내가 부르짖는 소리를 들으소서 내가 주께 기도하나이다 ³여호와여 아침에 주께서 나의 소리를 들으시리니 아침에 내가 주께 기도하고 바라리이다 ⁴주는 죄악을 기뻐하는 신이 아니시니 악이 주와 함께 머물지 못하며 ⁵오만한 자들이 주의 목전에 서지 못하리이다 주는 모든 행악자를 미워하시며 ⁶거짓말하는 자들을 멸망시키시리이다 여호와께서는 피 흘리기를 즐기는 자와 속이는 자를 싫어하시나이다 ⁷오직 나는 주의 풍성한 사랑을 힘입어 주의 집에 들어가 주를 경외함으로 성전을 향하여 예배하리이다

성전을 향하여 예배하자

『 시편 5 : 1~7 』

Meditation

　새벽은 참 기도하기 좋은 시간입니다. 이른 아침 첫 시간을 하나님께 시간 연보로 드린다는 의미도 있지만 실제로 새벽 시간은 가장 집중력이 높은 시간입니다. 사이쇼 히로시는 그의 책 「아침형 인간」에서 사람의 맥박은 오전 5시에 가장 빨라지며 사람의 맥박이 가장 빨라지는 시간인 오전 5시는

깊은 잠을 자기에 적당한 시간은 아니라고 하였습니다. 잠이 깬 5시에서 1시간가량이 지난 오전 6시부터 8시까지는 두뇌가 가장 명석해지는 시간인데, 이때의 집중력이나 판단력은 낮 시간의 3배에 달한다고 합니다. 이런 좋은 시간에 잠을 잘 것이 아니라 깨어 하나님과 대화하는 것은 가장 효율적인 삶을 사는 방법입니다.

새벽기도의 창시자는 예수님입니다. 마가복음 1 : 35에는 "새벽 아직도 밝기 전에 예수께서 일어나 나가 한적한 곳으로 가사 거기서 기도하시더니"라고 합니다. 예수님께서 새벽기도를 하신 것입니다. 오늘 본문에 보면 다윗도 새벽기도를 한 사람입니다. 시편 5 : 3에는 "아침에 내가 주께 기도하고 바라리이다"라고 합니다. '기도하고'라는 말은 히브리어로 '이라크'라는 말인데, 매일 정기적으로 희생 제사를 드렸다는 뜻입니다. 다윗의 새벽기도를 통하여 시편에 나타난 첫째 교회를 볼 수 있기를 바랍니다.

첫째, 우리가 주의 집에 들어올 수 있는 이유가 무엇입니까?

7절 상반절에는 "오직 나는 주의 풍성한 사랑을 힘입어 주의 집에 들어가"라고 합니다. 우리가 주의 집에 들어갈 수 있는 이유는 주의 풍성한 사랑 때문입니다. '사랑'이란 단어를 개역한글성경에는 '인자'라고 하였습니다. 히브리어로는 '헤세드'라는 단어인데, 이는 하나님의 언약적인 사랑을 말하며, 끝까지 사랑하는 하나님의 불변적 사랑을 의미합니다. 한결같은 마음으로 돌보시는 하나님의 사랑을 구약성경에는 히브리어로 '헤세드'로 표현했습니다. 나의 공로, 나의 부지런함 때문이 아니라 오직 하나님의 언약적 사랑의 효력 때문에 하나님의 집에 들어갈 수 있습니다. 하나님의 사랑 외에 어떤 것도 우리가 하나님의 집에 들어갈 수 있는 자격을 주지 못합니다. 우리 모두가 교회에 온 것은 하나님의 사랑을 받았기 때문입니다.

시편 91 : 12에는 "그들이 그들의 손으로 너를 붙들어 발이 돌에 부딪히지 아니하게 하리로다"라고 합니다. 우리가 교회에 나올 때마다 하나님께서는 평안의 발로 우리를 인도하시고 발이 돌에 부딪히지 않게 하십니다. 새벽에 교회에 나온다는 것은 쉽지 않습니다. 그러나 하나님께서 교회에 나오는 여러분들에게 자동차 사고도 없게 하시고, 몸이 아프지 않게 하실 것입니다. 하나님께서 예배자들의 잠을 깨워 예배하게 하실 것입니다. 사도행전 12 : 7에는 "홀연히 주의 사자가 나타나매 옥중에 광채가 빛나며 또 베드로의 옆구리를 쳐 깨워 이르되 급히 일어나라 하니 쇠사슬이 그 손에서 벗어지더라"라고 합니다. 우리에게도 이런 은혜가 있기를 바랍니다.

하나님의 사랑으로 우리는 이 땅에 태어나고, 구원받고, 은혜를 누리고, 예배하고, 죄를 회개하고 사함 받고, 새사람이 되고, 건강하고, 영적 부자가 됩니다. 이 모든 것이 오직 하나님의 사랑입니다. 복음성가에 "오직 주의 사랑에 매여 내 영 기뻐 노래합니다 이 소망의 언덕 기쁨의 땅에서 주께 사랑 드립니다"라는 가사가 있습니다. 오직 풍성한 하나님의 사랑에 매여, 그 사랑을 힘입어 예배하기를 바랍니다. 주님께 우리의 사랑을 드립시다. 주님께 합당한 예배를 드립시다.

둘째, 성전을 향하여 예배하는 자세는 무엇입니까?

7절 하반절에는 "주를 경외함으로 성전을 향하여 예배하리이다"라고 합니다. 성전을 향하여 예배하는 자의 자세는 '주를 경외함으로' 입니다. '성전'은 언약궤가 모셔져 있는 지성소를 의미합니다. 지성소가 우리의 경배의 대상이 아니라 하나님이 우리 예배의 대상입니다. 지성소는 하나님이 임재하시고 계시는 곳입니다. 성전의 핵심장소입니다. 회개와 죄 사함이 있는 곳입니다. '경외함으로' 는 살아 계신 하나님의 존재 앞에 인생이 마땅히 가져야 할 바른 자세를 표현하는 것입니다. 하나님을 믿는 것은 하나님을 경외하는 것입니다. 하나님을 예배하는 것은 하나님을 경외하는 마음을 표현하는 것입니다.

바인은 생명을 주시는 경외의 대상을 '건전한 두려움'으로 정의합니다. 경외란 공경과 두려움을 의미합니다. 여호와를 경외하는 것은 지식의 근본입니다(잠 1 : 7). 여호와를 경외하는 것은 지혜의 근본입니다(잠 9 : 10). 잠언 19 : 23에는 "여호와를 경외하는 것은 사람으로 생명에 이르게 하는 것이라 경외하는 자는 족하게 지내고 재앙을 당하지 아니하느니라"라고 합니다. 시편 128 : 1에는 "여호와를 경외하며 그의 길을 걷는 자마다 복이 있도다"라고 합니다. 여호와를 경외하는 것은 우리의 마땅한 도리입니다. 여호와를 경외하는 것이 내게 유익입니다. 내게 복입니다. 내게 은혜입니다.

교부 포이멘은 "인간에게는 코로 내쉬는 숨처럼 신에 대한 겸손과 경외심이 필요하다."라고 하였습니다. 우리는 예배에 나올 때에 이런 경외심이 있어야 합니다. 예배할 때는 조금 두려운 마음도 있어야 합니다. 조상에게 제사하는 사람들의 심리를 보면 조상에게 복 받겠다는 것보다 조상에게 벌 받지 않겠다는 두려움이 더 큽니다. 우리 하나님은 두려운 존재이신데, 우리는 너무 두려워하지 않고 사는 것 같습니다.

유진 피터슨은 "우리는 하나의 거대한 신비를 지닌 무언가와 관련되어 있다. 그런데 우리는 신비를 통제하려고 모든 신비를 일소해 버린다. 그 신비야말로 바로 하나님을 예배함의 핵심에 있는 경외심이 아닐까?"라고 하였습니다. 예배의 핵심은 신비와 경외심입니다. 경외함으로 성전을 향하고 경외함으로 예배해야 합니다.

우리의 예배는 성전을 향하여 해야 합니다. 성전 예배는 하나님께서 원하시는 예배입니다. 하나님께서는 예배를 원하시지만 아무 데서나 예배하지 말라고 하십니다. 성전을 향하여 예배하라고 하십니다. 우리 모두가 성전에서 예배하고 성전을 향하여 예배하기를 바랍니다. 우리는 아무 데서나 예배하는 시대에 살고 있습니다. TV나 인터넷의 예배가 성전 예배를 대치하는 시대입니다. 하나님을 경외함으로 성전 예배를 배우기 바랍니다.

예루살렘 성전에 올라가기를 간절히 기대했던 하나님의 사람의 열정을 배우고 성전 예배의 열정을 간직하는 우리들이 되기를 바랍니다.

Application

아무 데서나 예배하지 말고,
성전을 향하여, 성전에서 예배합시다.
성전에 올라갔던 하나님의
사람의 열정을 배우고 간직하는 우리가 됩시다.

° 성전을 향한 당신의 마음은 어떻습니까? (뜨거움, 열정, 사랑, 냉담, 무관심 등) 성전을 떠올리면 어떤 마음이 느껴지고 왜 그렇게 느껴지는지 생각해 봅시다.

° 주님을 경외하는 마음을 품고 어떻게 오늘 하루를 살아갈지 묵상해 봅시다.

¹내가 여호와께 피하였거늘 너희가 내 영혼에게 새같이 네 산으로 도망하라 함은 어찌함인가 ²악인이 활을 당기고 화살을 시위에 먹임이여 마음이 바른 자를 어두운 데서 쏘려 하는도다 ³터가 무너지면 의인이 무엇을 하랴 ⁴여호와께서는 그의 성전에 계시고 여호와의 보좌는 하늘에 있음이여 그의 눈이 인생을 통촉하시고 그의 안목이 그들을 감찰하시도다

여호와께서는 그의 성전에 계십니다

『 시편 11 : 1~4 』

Meditation

하나님의 속성에는 영원성, 창조성, 사랑, 의로움 등이 있습니다. 또 다른 속성 가운데는 전지, 전능, 전재라는 하나님의 완전성이 있습니다. 하나님은 모든 곳에 계시는 하나님이십니다. 또한 하나님은 편만하신 하나님이십니다.

니체는 "하나님은 죽었다."라고 하였습니다. 칼 마르크스는 "하나님은 없다."라고 하였습니다. 샤르트르는 "하나님은 부재중."이라고 하였습니다. 구소련의 우주인 라렌드는 "망원경으로 우주 공간을 샅샅이 살폈으나 하나님은 없다."라고 하였습니다. 유리 가가린은 1961년 4월 12일 보스토크 1호를 타고 1시간 29분 만에 지구 상공을 일주하여 인류 최초의 우주비행에 성공하였습니다. 그는 우주에서 "이곳에 어떤 신도 보이지 않는다."라고 하였습니다. 만일 하나님이 우리 눈에 보이면 모든 곳에 계시는 분이 아닙니다. 하나님은 모든 곳에 계시기 때문에 어느 한곳에 제한되시거나 한곳에서 보이지 않으십니다.

히포의 아우구스티누스는 "우리가 이해할 수 있다면 그것은 하나님이 아니다."라고 하였습니다. 그렇습니다. 우리 눈에 볼 수 있다면 우리의 하나님이 아닙니다. 시편 139 : 8에는 "내가 하늘에 올라갈지라도 거기 계시며 스올에 내 자리를 펼지라도 거기 계시니이다"라고 합니다. 아빌라의 테레사는 "내가 나에게 가까이 있는 것보다 하나님이 더 가까이 계시다."라고 하였습니다. 시편 123 : 1에는 "하늘에 계시는 주여 내가 눈을 들어 주께 향하나이다"라고 하였습니다. 시편의 기자는 눈을 들어 하나님을 향한다고 하였는데, 나의 하나님은 어디 계십니까? 나의 하나님은 오직 성전에 계십니다.

첫째, 성전은 어떤 곳입니까?

4절 상반절에는 "여호와께서는 그의 성전에 계시고"라고 합니다. 성전은 여호와께서 계시는 곳입니다. 즉, 성전은 여호와의 집입니다. 이 말은 모든 곳에 다 계시는 하나님을 한곳에 제한하는 말이 아닙니다. 오히려 성전의 거룩성을 표현하는 말입니다. 하나님께서 그의 의로운 백성 중에 임재하여 계심을 나타낸 말입니다. 왜 하나님은 의로운 백성 중에 임재하실까요? 의로운 백성은 성전을 사랑하고 찾아올 것이기 때문입니다.

성막은 성전의 이전 모형입니다. 출애굽기 25 : 22에 하나님은 속죄소를 만들라고 하시며 "거기서 내가 너와 만나고"라고 하십니다. 성소는 만남의 장소입니다. 고속도로에 가면 '만남의 장소'가 있습니다. 여기서 만나서 함께 차를 타고 어딘가를 갑니다. 하나님과 만나는 성소는 하나님이 거룩하신 모습을 보이시는 곳입니다. 다윗은 하나님께서 어떠한 피난처보다도 가장 안전한 피난처가 되심을 깨달았던 것입니다.

사무엘은 태어나서 어릴 때부터 성전에서 자랐습니다. 하나님께서 성전에서 사무엘을 부르셨습니다. "사무엘아, 사무엘아." 사무엘을 성전에서 부르신 하나님은 성전에 계시는 분입니다. 하나님은 자기 집에 있는 사무엘을 부르십니다. 다른 곳에서 부르시지 않으셨습니다. 왜 성전에서 부르셨습니까? 성전에 계시기 때문에 성전에서 부르셨습니다. 또한 사무엘이 성전에 있는 사람이기 때문에 성전에서 부르셨습니다.

이사야는 웃시야 왕이 죽던 해에 성전에 들어가서 하나님을 만났습니다. 성전은 하나님이 계시는 곳이므로 성전에서 하나님을 뵈었던 것입니다. 예수님이 탄생하셨을 때에 시므온은 아기 예수님을 만나기 위해 성전으로 갔습니다. 거기에서 예수님을 만났습니다. 여선지자 안나도 아기 예수님을 성전에서 만났습니다. 왜 성전에서 만났습니까? 성전은 하나님을 만나는 만남의 장소이기 때문입니다. 하나님을 만나려면 성전에 가야 합니다. 하나님은 우리를 성전에서 만나겠다고 약속하셨습니다.

이스라엘 사람들의 성전을 향한 애정은 대단했습니다. 성전에 올라갈 때마다 가슴 벅차하고 떨며 노래하며 올라갔습니다. 그 노래들이 '성전에 올라가는 노래'라고 전해지고 있습니다. 왜 그렇게 가슴이 설렙니까? 하나님을 만나기 때문입니다. 사랑하는 사람과 데이트할 때 가슴이 설레고 기다려지듯이 하나님을 만나는 감격이 그랬습니다.

우리나라 초대교회 때 성도들은 주일마다, 모든 집회마다 예배당이 꽉 차게 나왔습니다. 주일 낮예배나, 밤예배나, 수요기도회나, 새벽기도회나 모이는 수가 비슷했습니다. 왜 그랬을까요? 하나님을 만나러 오는 것이 너무나 기뻐 빠질 수가 없었던 것입니다. 우리도 이런 초대교회의 열정을 회복할 수 있기를 바랍니다.

둘째, 여호와의 보좌는 어디에 있습니까?

4절 하반절에는 "여호와의 보좌는 하늘에 있음이여 그의 눈이 인생을 통촉하시고 그의 안목이 그들을 감찰하시도다"라고 합니다. 여호와의 보좌는 하늘에 있습니다. 하늘이 하나님의 보좌입니다. 보좌란 왕좌를 말합니다. 우리 옛말로는 용상을 말합니다. 이 자리는 왕이신 하나님의 자리입니다. 하나님께서 앉으셔서 통치하시는 자리입니다. 하나님이 그 자리에서 인간을 통촉하시고, 인생을 감찰하십니다.

'하나님이 하늘에 계시다' 라는 말씀은 성경에 여러 번 나옵니다. 하나님의 보좌도 거기에 있다고 합니다. 이사야 6 : 1에는 "웃시야 왕이 죽던 해에 내가 본즉 주께서 높이 들린 보좌에 앉으셨는데 그의 옷자락은 성전에 가득하였고"라고 합니다. 이사야는 하나님이 하늘의 보좌에 앉아 계심을 환상으로 보았습니다.

요한계시록에 나타난 하나님 나라의 모습은 이렇습니다. 어린 양의 보좌가 있고, 그 보좌에서 생명수의 강이 흐릅니다. 강가에는 생명나무가 양쪽에 서 있고 나무에는 열매가 열립니다. 그 열매는 매달 다른 열매를 맺습니다. 하나님 나라에 가더라도 열매를 먹고 살게 됩니다. 이 땅에서 우리가 먹는 것은 생존을 위해 먹는 것이지만 하나님 나라에서 먹는 것은 생존이 아니라 먹는 즐거움 때문입니다.

이 땅에서의 교회는 하나님 나라 보좌의 그림자, 모형입니다. 하나님 나라란 공간적인 개념보다 하나님이 통치하시는 하나님의 주권을 의미합니다. 구원받은 자는 하나님의 통치를 받게 되고, 하나님 나라의 모습으로 사는 훈련을 받습니다.

구원받는 자에게 하나님의 보좌는 미래적 소망입니다. 아무리 늦게 가도 내 자리가 다 있기 때문입니다. 보좌에 가서 보고 하나님과 함께하게 될 것입니다. 요한계시록 7 : 10에는 "큰 소리로 외쳐 이르되 구원하심이 보좌에 앉으신 우리 하나님과 어린 양에게 있도다 하니"라고 합니다. 하늘의 보좌는 우리를 구원하시고 심판하시는 하나님의 권위가 있는 자리입니다.

카를로 카레토는 「도시의 광야」라는 책에서 "하나님은 이전부터 언제나 우리 가까이에 계신다. 우리는 그분을 창조할 것이 아니라 발견해야 한다."라고 하였습니다. 우리는 하나님의 가까운 이웃이 아닙니다. 하나님은 우리를 가장 가까운 '자녀' 로 부르셨습니다.

하나님은 성전에 계십니다. 왜냐하면 하나님을 사랑하는 사람들이 다 성전에 있기 때문입니다. 그러나 하나님은 성전에 제한된 분이 아닙니다. 우리는 교회에서 우리 하나님을 만나야 합니다. 교회를 찾는 의인에게 하나님은 임재하시고, 만나 주십니다. 우리 교회는 하나님이 계시는 하나님의 집입니다. 이곳에 와서 하나님을 만나는 우리 교회가 되기를 바랍니다.

Application

하나님은 이전부터 언제나
우리 가까이에 계십니다.
우리는 그분을 창조할 것이 아니라
발견해야 합니다.

° 성전에서 하나님을 깊이 만났던 때를 기억해 봅시다.

° 하나님께서 예배의 자리에 계시다는 확신을 가지고 있습니까?
 하나님이 예배의 자리에 임재하셔서 그분을 예배하러 나온 자들을 기다리신다는 사실을 잊지 말고 예배합시다.

³내가 찬송 받으실 여호와께 아뢰리니 내 원수들에게서 구원을 얻으리로다 ⁴사망의 줄이 나를 얽고 불의의 창수가 나를 두렵게 하였으며 ⁵스올의 줄이 나를 두르고 사망의 올무가 내게 이르렀도다 ⁶내가 환난 중에서 여호와께 아뢰며 나의 하나님께 부르짖었더니 그가 그의 성전에서 내 소리를 들으심이여 그의 앞에서 나의 부르짖음이 그의 귀에 들렸도다

하나님은 성전에서 내 소리를 들으십니다

『 시편 18 : 3~6 』

이사야 9장은 "한 아기가 우리에게 났고 그의 이름을 기묘자 모사라 하리라."라는 내용이 등장합니다. '모사'라는 말은 영어로 '카운슬러'(counselor), 즉 상담자라고 합니다. 상담자란 인격적인 존재이며 말을 들어주는 자입니다. 성경은 성령 하나님을 '보혜사'라고 합니다. 보혜사란 말은 헬라어로

'파라클레토스' 란 말인데, 웹스터 사전은 이 말을 여러 가지로 설명합니다. '보혜사' 는 '인격체' 입니다. 상담자는 내 말을 들어주시는 분입니다. 위로자는 고통과 번민을 덜어 주시는 분입니다. 대변자는 구하는 것을 대변해 주시는 변호사입니다. 그 외에도 조언자, 중재자, 조력자, 지도자, 지지자 등으로 번역할 수 있습니다. 하나님은 내 소리를 들으시는 분입니다.

예레미야 12 : 1에는 "내가 주께 질문하옵나니"라고 합니다. 예레미야가 "주님 질문 있습니다."라고 하였다는 것입니다. 성경에 보면 질문이 참 많습니다. 누군가는 "주여 누구시옵니까?"라고 질문하고, 또 누군가는 "어느 때까지 기다려야 합니까?"라고 질문합니다. 성경에는 '다윗이 물어 이르되' 라는 말이 자주 나옵니다. 다윗은 하나님께 질문이 많은 사람이었습니다. 성경의 질문을 자세히 보면 하나님은 질문하는 그때마다 가장 적절한 대답을 주십니다. 이는 하나님께서 우리의 말을 다 듣고 계시다는 의미입니다.

시편 65 : 2에는 "기도를 들으시는 주여 모든 육체가 주께 나아오리이다"라고 합니다. 예수님도 하나님의 들으시는 본성 때문에 기도하십니다. 예수님께서 나사로를 살리시는 기적을 베푸시는 장면이 요한복음 11장에 있습니다. 요한복음 11 : 42에는 예수님께서 "항상 내 말을 들으시는 줄을 내가 알았나이다"라고 하십니다. 이처럼 하나님은 듣고 계시는 분입니다.

하나님은 들으시되 의인의 말을 들으십니다. 요한복음 9 : 31에는 "하나님이 죄인의 말을 듣지 아니하시고 경건하여 그의 뜻대로 행하는 자의 말은 들으시는 줄을 우리가 아나이다"라고 합니다. 하나님은 성전에서 하는 말을 들으십니다. 왜냐하면 성전은 경건한 자의 모임이기 때문입니다.

첫째, 하나님이 내 소리를 들으시는 곳은 어디입니까?
6절은 "내가 환난 중에서 여호와께 아뢰며 나의 하나님께 부르짖었더니 그가 그의 성전에서 내 소리를 들으심이여"라고 합니다. 하나님은 성전에서 내 소리를 들으십니다. '성전에서'라는 말은 성전의 기능을 말합니다. 성전의 중요성을 말합니다. 성전은 하나님의 소리를 듣는 곳이며 하나님께서 내 소리를 들으시는 곳입니다. 하나님은 기도를 들으시되, 성전에서 하는 경건한 자의 기도를 기뻐 들으십니다.

예레미야 33 : 3에는 "너는 내게 부르짖으라 내가 네게 응답하겠고"라고 합니다. 출애굽기 22 : 23에는 "네가 만일 그들을 해롭게 하므로 그들이 내게 부르짖으면 내가 반드시 그 부르짖음을 들으리라"라고 하십니다. 하나님은 작은 자들, 과부와 고아들의 소리에 결코 귀를 막고 있지 않으시겠다고 하십니다.

"낮말은 새가 듣고 밤말은 쥐가 듣는다."라는 말이 있습니다. 영어로는 "The walls have ears."(벽에도 귀가 있다.)라고 합니다. 또 "Fields have eyes and woods have ears."(들에도 눈이 있고 숲 속에도 귀가 있다.)라는 말도 있습니다. 하나님의 눈과 귀는 어느 곳에나 있습니다. 우리의 은밀한 소리까지 다 듣고 계십니다. 하나님은 항상 귀를 쫑긋 세우고 듣고 계십니다. 하나님의 교회는 하나님의 귀로 가득합니다. 우리 교회 벽에도 하나님의 귀가 가득합니다. 우리 교회에서 드리는 기도를 하나님은 다 듣고 계시고 다 이루어 주십니다.

둘째, 나의 부르짖음이 하나님의 귀에 들리는 곳은 어디입니까?

6절에는 "그의 앞에서 나의 부르짖음이 그의 귀에 들렸도다"라고 합니다. 나의 부르짖음이 하나님께 들리는 곳은 '하나님의 앞'입니다. '하나님의 앞'은 어디입니까? '하나님의 앞'은 성전을 의미합니다. 성전에 하나님이 계시고, 그 앞에서 부르짖으면 하나님은 들으십니다.

3절에는 "내가 찬송 받으실 여호와께 아뢰리니"라고 합니다. 이는 하나님께 대한 다윗의 신뢰가 얼마나 돈독한지를 말해 주고 있습니다. 다윗의 신뢰는 환난 가운데 기도로 나타납니다. 다윗처럼 우리도 하나님 앞에서 멀어지지 말아야 합니다. 하나님의 얼굴에서 벗어나지 말아야 합니다. 하나님께 얼굴을 향하여 있어야 합니다.

성경에는 하나님의 들으심에 대한 간증이 많이 있습니다. 민수기 20 : 16에는 "우리가 여호와께 부르짖었더니 우리 소리를 들으시고 천사를 보내사 우리를 애굽에서 인도하여 내셨나이다"라고 합니다. 성막에서 하나님을 만납니다. 하나님을 만나서 부르짖습니다. 부르짖을 때에 하나님은 들으십니다.

'들렸다'라는 말은 히브리어로 '솨마'라고 합니다. 이 말은 적당히 듣는 것이 아니라 주의 깊게 경청하는 것을 말합니다. 영어로는 그냥 들려지는 것(hear)이 아니라 신경을 써서 경청하는 것(listen)을 의미합니다. 우리가 부르짖는 소리에 하나님은 경청하십니다.

테레사 수녀가 쓴 「아름다운 선물」이란 책에는 이런 말이 있습니다. "중요한 것은 우리가 말하는 것이 아니라 하나님께서 우리에게 말씀하시는 것, 다른 이들을 통해 우리에게 말씀하시고자 하는 것입니다. 침묵 안에서 그분은 우리를 들으십니다. 침묵 안에서 그분은 우리 영혼에게 말을 건네십니다. 침묵 안에서 우리는 그분의 음성을 들을 수 있는 특혜를 지닙니다." 하나님의 들으심이 우리에게는 특별한 은혜입니다.

이에 대한 하나님의 응답은 너무나 확실합니다. 작은 소리, 지나가는 소리까지 다 들으시고 응답하십니다. 이런 하나님의 들으심과 응답에 대한 나의 경험을 다 말하자면 끝이 없습니다. 저의 자녀들이 이제 다 성인이 되어 손자, 손녀를 보게 되었습니다. 큰 손녀가 딸인데, 그 생일은 아들의 결혼기념일과 같습니다. 손자는 아들이 결혼한 지 딱 일 년 후에 세상에 태어났습니다. 손자는 세상에 태어나자마자 여름이 되어 더위로 고생을 했습니다. 그러다가 둘째 아이를 낳기 위해 기도하기 시작했습니다. 이를 두고 우리 부부는 하나님께 구체적으로 기도했습니다. "딸을 여름에 낳아서 덥고 고생을 했는데 둘째는 아들을 주시되 가을에 주십시오." 그 기도대로 둘째는 아들인데, 10월에 태어났습니다.

이사야 59 : 1에는 "여호와의 손이 짧아 구원하지 못하심도 아니요 귀가 둔하여 듣지 못하심도 아니라"고 합니다. 하나님의 손은 깁니다. 하나님의 귀는 밝습니다. 하나님은 그 앞에서 하는 말을 다 들으십니다. 그리고 그 말에 응답하십니다.

우리가 잘 아는 복음성가에 참 좋은 가사가 있습니다. "하나님 사랑의 눈으로 너를 어느 때나 바라보시고 하나님 인자한 귀로서 언제나 너에게 기울이시니 어두움에 밝은 빛을 비춰 주시고 너의 작은 신음에도 응답하시니 너는 어느 곳에 있든지 주를 향하고 주만 바라볼지라" 주만 바라보고, 주의 앞에 있으면 됩니다. 주님은 우리의 모든 소원을 들어주십니다.

영국 웨일즈에 하노버라는 작은 마을이 있습니다. 그곳에 150여 명이 모이는 작은 교회가 있습니다. 이 작은 교회는 우리나라 최초의 순교자인 토마스 목사님이 태어나고 파송받은 교회입니다. 1863년 24세였던 토마스 목사님은 한국에 선교의 문이 열리기를 기도했습니다. 하나님은 그 교회에서 하는 그의 기도를 들으셨습니다. 이후 그는 목사안수를 받고, 런던선교회의 파송을 받아 1866년 제네럴셔먼호의 통역관으로 동승하여 한국에 들어왔습니다. 그리고 그는 27세에 대동강변에서 순교하였습니다. 한국 선교를 위해 기도하던 그에게 하나님은 순교로 응답하신 것입니다.

요즘에 길을 걷다 보면 복권 판매처마다 '명당' 이란 간판이 붙어 있음을 보게 됩니다. 교회는 그러한 류의 명당과는 상대가 안 됩니다. 우리 교회는 기도가 수없이 응답되는 '기도명당' 입니다. 우리 모두가 하나님 앞에서 기도하여 응답받는 기도명당의 교회가 되기를 바랍니다.

Application

하나님은 성전에서
우리의 기도를 들으십니다.
우리 모두가 하나님 앞에서 기도하여
응답받는 기도명당의 교회가 됩시다.

° 하나님께서 나의 작은 신음에도 응답하셨던 일을 기억해 봅시다.

° 나의 기도를 들으시는 하나님께 믿음으로 기도해야 할 오래된 기도제목이나 문제가 있습니까?
나의 작은 소리에도 응답하시는 하나님을 믿음으로 바라보고, 그 모든 문제와 상황을 맡기는 기도를 드려 봅시다.

¹환난 날에 여호와께서 네게 응답하시고 야곱의 하나님의 이름이 너를 높이 드시며 ²성소에서 너를 도와주시고 시온에서 너를 붙드시며 ³네 모든 소제를 기억하시며 네 번제를 받아 주시기를 원하노라(셀라)

성 소 에 서 나 를 도 와 주 십 니 다

『 시편 20 : 1~3 』

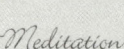

흔히 서양에서는 관공서나 가게에 전화를 하면 "무엇을 도와드릴까요?" (May I help you?)라고 묻습니다. 그들이 "무엇을 도와드릴까요?"라고는 하지만 우리가 원하는 대로 다 도와줄 수 없습니다. 인간의 도움에는 늘 한계가 있습니다.

"뭘 도와줄까?"라고 하지만 줄 수 없는 것을 달라고 할 때 어떻게 줍니까? 하나밖에 없는 것을 달라고 하는데 어떻게 줄 수 있습니까? 달라고 하지만 "그건 안 되는데!"라고 할 때도 있습니다. 인간에게는 늘 도움의 한계가 있습니다. 도와 달라는 편은 많고, 도와줄 수 있는 것은 적습니다. 이것이 인간의 한계입니다.

심리학자 볼프강 슈미트바우어는 '도움이 안 되는 도움'이란 말을 하였습니다. 모든 도움의 실제 의도를 분석한 결과, 많은 사람들이 다른 사람을 돕고 있지만 실제로는 그 자신들이 더 도움이 필요하다는 것을 발견하였습니다.

인간은 누구나 도움이 없이는 살 수가 없습니다. 자기 스스로 살 수 있는 사람은 없습니다. 한자말로는 '독불장군'(獨不將軍)이라고 합니다. 영어로는 "홀로 섬에 살 수 없다."(No man is an island.)라고 합니다. 사람은 누구나 다른 사람의 도움을 필요로 합니다. 모두가 도움이 필요하기 때문에 절대적 도움은 아닙니다. 하나님은 절대적 도움이 되십니다.

하나님은 전능자이십니다. 하나님은 부족한 것이 없으십니다. 하나님은 부요하십니다. 하나님은 풍족하십니다. 하나님은 도와주실 수 있습니다. 하나님은 스스로 도움이 되십니다. 그래서 하나님은 우리의 도움이 되실 수 있는 것입니다.

하나님은 아담에게 하와를 '돕는 배필'로 주었습니다. 이 말은 히브리어로 '에제르 네게드'라는 말인데 이 말은 종속개념이 아니라 관계개념이라고 합니다. 성경이 기록된 것은 남성중심주의의 눈을 가지고 기록했기 때문에 여자가 남자의 돕는 배필이라고 한 것입니다. 남자는 도움받는 배필이 아닙니다. 관계개념이란 남자도 여자의 돕는 배필임을 말합니다. 만일 '돕는 배필'이 종속개념이라면 큰 문제입니다. 시편 54:4에는 "하나님은 나를 돕는 이시며"라고 했는데 종속개념이라면 하나님이 내게 종속되어야 합니다. 하나님은 누구에게도 종속될 수 없습니다. 그러므로 이 말은 나와의 관계를 설명하는 말입니다.

첫째, 나는 어디에서 도움을 받습니까?

2절에는 "성소에서 너를 도와주시고"라고 합니다. 하나님은 성소에서 우리를 도우십니다. 성소는 시온 산에 세운 성막입니다. 언약궤가 안치된 곳입니다. 언약궤는 하나님 임재의 상징입니다. 이스라엘의 승리의 원동력입니다. 언약궤가 성소에 있기에 하나님은 하나님의 백성을 도우십니다. 성소를 향하는 자를 도우십니다. 하나님의 언약은 말씀을 의지하는 자를 하나님은 도우신다는 것입니다. "도우시는 하나님이 내게 그늘 되시니"라고 하였습니다. 교회를 지키는 자의 소리를 하나님은 들으시고 도와주십니다.

「열세 살 키라」라는 책이 있습니다. 이 책에는 "우리 마음속에는 도움꾼과 방해꾼 두 가지 존재가 살고 있단다. 방해꾼은 늘 우리에게 '포기해, 의미 없는 일이야.'라고 하고 도움꾼은 언제나 포기하지 말라고 우리를 격려하지."라는 말이 나옵니다. 하나님은 항상 우리의 도움이십니다. 절대로 우리에게 포기하게 하지 않으십니다.

요즘에는 '도우미' 시대입니다. 온갖 도우미가 다 있습니다. 통역도우미, 가사도우미, 간병도우미, 청소도우미, 산후도우미, 복지도우미, 상조도우미 등이 있습니다. 도우미도 이제 직업화되어 많은 편의를 제공하고 있습니다. 그러나 이런 도우미는 시간과 업무에 한계가 있습니다. 할 수 없는 일이 많이 있습니다. 시간과 급여를 정해 놓고 하지만, 상호 모두가 만족하지 못할 때도 많이 있습니다. 인간의 도움은 한계가 있습니다.

하나님은 우리를 포기하지 못하게 하시는 도움꾼이십니다. 우리에게 필요한 것은 무엇이든 다 도우십니다. 모든 것을 도우시고, 누구나 다 도와주십니다. 교회는 여러분을 도와주는 곳입니다. 건강하게 해 달라고, 물질을 달라고, 지식을 달라고, 복을 달라고 간구하는 모든 것을 다 도와주는 곳이 교회입니다.

복음성가에는 "눈을 들어 산을 보아라 너의 도움 어디서 오나 천지 지으신 너를 만드신 여호와께로다"라는 좋은 가사가 있습니다. 우리의 도움은 우리의 하나님 여호와께로부터 오는 은총입니다. 우리 교회는 하나님이 도우시는 곳입니다. 무슨 도움을 요청하든 하나님은 들으십니다. 우리 교회는 하나님이 들으시는 곳이며, 도우시는 하나님의 전입니다.

둘째, 나를 어디에서 붙들어 주십니까?

2절에는 "시온에서 너를 붙드시며"라고 합니다. 시온에서 하나님은 나를 붙들어 주십니다. 시온은 팔레스타인의 모리아를 의미합니다. 시온은 하나님의 장소이자 영광의 자리입니다. 또한 하나님이 임재하시는 자리이자 이스라엘 백성들에게 하나님의 자리입니다. 그들의 소망의 자리이며 영광의 자리입니다.

시편 99 : 2에는 "시온에 계시는 여호와는 위대하시고"라고 합니다. 시편 14 : 7에는 "이스라엘의 구원이 시온에서 나오기를 원하도다"라고 합니다. 하나님은 시온에 계시고, 시온에서 이스라엘에게 구원을 베푸십니다. 시온은 하나님의 구원의 자리입니다.

어느 장로님이 산행 중에 나뭇가지를 잡았는데 하필이면 그 가지가 썩은 가지였습니다. 아래로 떨어져서 허리를 다쳐 휠체어에 몸을 지탱하고 사십니다. 세상에는 썩은 것, 엉뚱한 것을 붙들고 살아가는 사람들이 많이 있습니다. 붙들수록 손해 보는 것을 마치 무슨 힘인 것처럼 놓치지 않으려고 붙잡습니다. 그리고는 떨어져 절망합니다. 돈이 나를 붙들어 줍니까? 지식이 나를 붙들어 줍니까? 자식이 나를 붙들어 줍니까? 어떤 것도 나를 붙들어 줄 수 있는 것이 없습니다. 돈을 붙잡으면 돈이 나를 뿌리칩니다. 친구를 붙잡지만 친구도 떠납니다. 심지어 가장 가까운 가족도 마지막까지는 함께 못

갑니다. 붙잡아도 뿌리치지 않고 마지막까지 함께 갈 수 있는 분은 하나님밖에 없습니다.

시편 18 : 16에는 "그가 높은 곳에서 손을 펴사 나를 붙잡아 주심이여"라고 합니다. 손을 펴시고 나를 붙잡아 주시는 것은 하나님의 본능입니다.

복음성가의 가사에 은혜로운 말씀이 있습니다. "주님여 이 손을 꼭 잡고 가소서 약하고 피곤한 이 몸을 폭풍우 흑암 속 헤치사 빛으로 손잡고 날 인도하소서" 하나님은 성소에서, 거룩한 시온에서 나를 붙잡으십니다. 하나님의 손을 놓지 않고 세상 끝 날까지 함께 가시기를 바랍니다.

"뽀빠이"라는 만화영화에 보면 브루터스라는 악당이 등장합니다. 브루터스는 원래 나쁜 이름입니다. 시저의 친구였지만 시저를 살해한 배반자입니다. 단테는 지옥의 맨 아래층에 가룟 유다와 브루터스가 있다고 묘사하였습니다. 뽀빠이에게는 올리버라는 가냘픈 여자친구가 나옵니다. 브루터스가 올리버를 납치하려고 할 때 그녀는 "도와주세요! 뽀빠이!"라고 외칩니다. 그 때 뽀빠이는 시금치를 먹고 와서 한 방에 브루터스를 물리치고 올리버를 구합니다. 전 세계 아이들이 다 브루터스의 편이 아닙니다. 뽀빠이의 편입니다. 왜 그렇습니까? 도와주는 사람이기 때문입니다. 그에게 도와줄 힘이 있기 때문입니다.

우리 하나님은 주의 성소인 시온에서 하나님의 사람을 도우십니다. 하나님의 사람을 붙드십니다. 하나님은 우리가 지칠 때, 쓰러질 때, 넘어질 때, 실패할 때에 꼭 붙드십니다. 우리가 평생의 길을 가면서 도와 달라고 외칠 때 하나님은 도와주십니다. 나를 붙잡아 달라고 기도할 때 붙잡아 주십니다. 하나님은 지금도 나를 도우시고 붙잡으시는 나의 하나님이십니다.

Application

우리 하나님은 주의 성소인 시온에서
하나님의 사람을 도우십니다.
하나님의 사람을 붙드십니다.
하나님은 우리가 지칠 때, 쓰러질 때, 넘어질 때, 실패할 때에 꼭 붙드십니다.

° 하나님의 도움 없이 내 힘과 능력만으로도 할 수 있다고 생각했던 적이 있었는지 생각해 봅시다.

° 완전하신 하나님의 도움을 필요로 하는 부분이나 문제가 있다면 하나님께 맡겨 드리는 기도를 드립시다.

¹여호와는 나의 목자시니 내게 부족함이 없으리로다 ²그가 나를 푸른 풀밭에 누이시며 쉴 만한 물가로 인도하시는도다 ³내 영혼을 소생시키시고 자기 이름을 위하여 의의 길로 인도하시는도다 ⁴내가 사망의 음침한 골짜기로 다닐지라도 해를 두려워하지 않을 것은 주께서 나와 함께하심이라 주의 지팡이와 막대기가 나를 안위하시나이다 ⁵주께서 내 원수의 목전에서 내게 상을 차려 주시고 기름을 내 머리에 부으셨으니 내 잔이 넘치나이다 ⁶내 평생에 선하심과 인자하심이 반드시 나를 따르리니 내가 여호와의 집에 영원히 살리로다

여호와의 집에 영원히 삽니다

『 시편 23 : 1~6 』

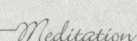

Meditation

　헨리 나우웬은 공동체란 "결코 함께 살고 싶지 않은 사람과 언제나 같이 사는 곳이다."라고 하였습니다. 하나님은 나같이 배은망덕하고 표리부동한 사람, 함께 살고 싶지 않은 사람과 함께 사십니다. 내가 하나님이 데리고 살고 싶은 존재인지 잘 생각해 봅시다.

'거하다' 라는 말은 '영원히 살다' 라는 말입니다. 성경에는 이런 단어가 많이 있습니다. "믿음, 소망, 사랑, 이 세 가지는 항상 있을 것인데"(고전 13 : 13)라는 말씀에서 '있을 것인데' 라는 말은 영원히 함께 있는 영속적 관계를 의미합니다. 이 세상에 영원히 살고 싶은 곳이 있습니까? 하와이가 좋다고 하지만 거기도 영원히 살 만한 곳은 못 됩니다. 미크로네시아의 팔라우라는 섬이 정말 아름답고 세계 최고의 청정해역을 가지고 있다고 하지만 거기도 영원히 살 곳은 아닙니다. 오히려 그런 바닷가나 강가는 외로움을 느끼게 한다고 합니다.

사람이 죽어도 살기 싫은 곳이 있습니다. 지진이 나서 죽을 뻔했던 곳은 다시 살고 싶지 않을 것입니다. 지난 번 일본의 큰 쓰나미가 왔던 것과 같은 재해를 만난 곳은 다시 보고 싶지도 않을 것입니다. 큰 사고를 당한 곳에서는 이사 가고 싶어할 것입니다. 그런 곳에서는 하루를 산다고 하더라도 지겹다고 할 것입니다.

성경 요한복음 1장에는 "말씀이 육신이 되어 우리 가운데 거하시매"(The Word became flesh and made his dwelling among us)라는 말씀이 있습니다. 이 말은 그리스도께서 이 땅에 오신 것은 우리 가운데 천막을 치고 사셨다는 의미입니다. 육신은 천막과 같은 것인데, 주님은 이 땅에 오셔서 육신의 천막을 치고 우리 가운데 함께 사셨습니다.

시편 84 : 10에는 "주의 궁정에서의 한 날이 다른 곳에서의 천 날보다 나은즉 악인의 장막에 사는 것보다 내 하나님의 성전 문지기로 있는 것이 좋사오니"라고 합니다. 시편 기자에게 성전은 영원히 살고 싶은 곳입니다. 우리에게도 성전, 곧 교회는 영원히 살고 싶은 곳입니다. 우리에게 교회가 늘 오고 싶은 곳, 늘 궁금하고 보고 싶은 곳, 영원히 살고 싶은 곳이 되기를 바랍니다.

첫째, 여호와의 집에서 얻는 것이 무엇입니까?

6절은 "내 평생에 선하심과 인자하심이 반드시 나를 따르리니"라고 합니다. 여호와의 집에서 얻는 것은 '선하심과 인자하심' 입니다. 우리가 하나님의 집에서 하나님의 선하심과 인자하심을 얻으니 얼마나 큰 은혜입니까? 보통 수지맞은 것이 아닙니다.

'선하심' 이란 히브리어로 '토브' 란 말인데 좋으심입니다. 하나님은 하나님께서 만드신 모든 것을 보시고 좋아하셨습니다. 성경에는 "하나님 보시기에 좋았더라"라고 합니다. 하나님의 선하심은 악한 것이 전혀 없는 순전히 좋은 것입니다. 하나님의 선은 완전합니다. 약간의 악이나 흠도 없는 완전하신 선입니다.

'인자하심' 이란 히브리어로 '헤세드' 입니다. '헤세드' 는 하나님의 언약적 사랑을 의미하는 용어입니다. 하나님의 선하심과 인자하심, 즉 '토브 베 헤세드' 는 모두 하나님의 성품이며 인간을 향한 하나님의 은총의 마음입니다.

다윗이 여호와의 집에 영원히 있고 싶다는 심정을 품은 이유가 무엇입니까? 하나님의 선하심과 인자하심이 거기에 항상 있기 때문입니다. 선하심과 인자하심이 있는 곳이라면 그곳에 영원히 살고 싶을 것입니다. 우리가 사는 세상에 그런 곳이 있습니까? 이 세상에 선함과 인자함이 항상 있는 곳은 없습니다. 세상에서는 그런 곳을 기대할 수 없습니다.

우리의 기억에 여전히 아픔으로 남아 있는 사건이 있습니다. 1999년 6월 30일 경기도 화성의 '씨랜드 사건' 입니다. 어린이들이 캠프를 하는 동안 불이 나서 어린이 19명과 교사 4명이 사망하였습니다. 피해자의 가족 중에는 왕년의 하키선수로 아시아대회에서 메달을 딴 김순덕 씨가 있었습니다. 이분은 당시 6세였던 아들 '도현' 이를 잃었습니다. 그런데 사건을 해결하는 과정에서 이분은 너무 실망하였습니다. 그 안에 선과 의로움이 없다는 것입니다. 이분은 자신이 받은 훈장과 메달을 국가에 반납하고 "한국에서는 살고 싶지 않다."라고 하며 뉴질랜드에 이민을 가 버렸습니다. 왜 그랬습니까? 우리나라에 선과 인자가 없었기 때문입니다. 문제 해결을 위한 선이 없었습니다. 인자가 보이지 않았습니다. 아들을 잃은 것도 억울한데, 해결하는 과정에서 너무 실망이 컸던 것입니다. 선과 인자가 없는 곳은 살 만한 곳이 못 됩니다.

그렇다면 선은 무엇입니까? 선은 착함입니다. 요즘에는 '착하다' 라는 말을 너무 남용하고 있습니다. '착한 얼굴, 착한 초콜릿 복근 몸매, 착한 가격, 착한 고깃집, 착한 낙지, 착한 커피' 등으로 씁니다. '착한 거짓말' 이란 노래까지 있습니다. 사람은 누구나 착한 곳에 가고 싶고, 머물고 싶은 법입니다. 그러나 이 안에서 진정 '착함' 의 의미를 찾기란 쉽지 않습니다. 말은 많은데 진정한 의미가 없는 시대입니다. 그러나 하나님의 선과 인자는 완전합니다. 하나님의 집은 좋고 사랑이 많은 곳입니다. 그래서 머물고 싶은 곳입니다.

둘째, 내가 영원히 살 곳은 어디입니까?

6절에 "내가 여호와의 집에 영원히 살리로다"라고 합니다. 내가 영원히 살 곳은 '여호와의 집' 입니다. 하나님이 아버지이시고 우리가 자녀인 집이 여호와의 집입니다. 하나님이 아버지이신 집은 영원히 살 만한 집입니다. 영원한 가치를 가진 집입니다.

'여호와의 집' 은 예루살렘의 성소를 가리킵니다. 눈에 보이는 성소뿐만 아니라 하나님과 깊은 교제 안에 사는 삶을 말합니다. 하나님의 집, 성소에서 하나님과의 영원한 교제, 깊은 영적 교제 안에서 살겠다는 다짐입니다. 여호와의 집에 있으면 선하심과 인자하심을 누립니다. 양이 목자의 집에 있으면 안심이 되고, 평안을 누리고, 만족하게 됩니다. 우리는 이곳에서 영원한 만족과 평안과 안심을 얻습니다. 왜 그렇습니까? 하나님의 집에는 선과 인자가 있기 때문입니다.

'여호와의 집에' 라는 말은 하나님 나라의 상징입니다. 목자 되신 하나님의 품에 영원히 거하는 길은 천국입니다. 하나님 나라에서 영원히 살게 된다는 말은 우리의 믿음의 본향으로 돌아가면 영원한 선하심과 인자하심 속에서 살게 될 것임을 의미합니다.

여호와의 집은 현세적으로 보면 하나님의 집인 교회를 상징합니다. 이 세상에 사는 많은 사람들이 이 전을 사모하고 나옵니다. 시편 27 : 4에는 "내가 여호와께 바라는 한 가지 일 그것을 구하리니 곧 내가 내 평생에 여호와의 집에 살면서 여호와의 아름다움을 바라보며 그의 성전에서 사모하는 그것이라"라고 합니다. 하나님의 집인 교회를 사모하며 영원히 거하리라고 하는 것은 하나님의 선하심과 인자하심의 결과입니다. 하나님의 선과 인자가 우리를 교회에 모이게 하고, 예배하게 하고, 살게 하는 것입니다.

여호와의 집은 늘 풍요합니다. 항상 잔치가 있습니다. 여호와의 집은 우리가 살 만한 가치 있는 곳입니다. 마지막에 우리 모두가 가게 될 하나님 나라는 영원히 살 우리의 집입니다. 하나님의 거룩하신 그 나라를, 우리는 이 땅에서 교회를 통하여 이미 경험하고 있습니다.

내가 아는 목자는 어떤 분입니까? 잠시 묵상해 보십시오. 나의 목자는 양을 이름으로 아는 목자이십니다. 푸른 초장과 물가를 잘 알고 계시는 목자이십니다. 우리 교회가 그리스도께서 목자이신 푸른 초장입니다. 그분의 선하심과 인자하심이 우리 교회에 있습니다. 그리스도의 푸른 초장인 교회를 영원히 사랑합시다. 그리고 하나님의 선하심, 인자하심이 있는 이 교회에 영원히 거합시다. 언젠가는 하나님의 거룩하신 나라에 들어가게 될 텐데, 그때는 선하심과 인자하심을 영원히 맛보며 살게 될 것입니다. 이런 여호와의 집에 사는 복된 성도가 다 됩시다.

Application

그분의 선하심과 인자하심이 교회에 있습니다.
그리스도의 푸른 초장인 교회를 영원히 사랑합시다.
그리고 하나님의 선하심,
인자하심이 있는 교회에 영원히 거합시다.

°매주 하나님과 만나는 성전에서 나는 선하심과 인자하심을 누리고 있습니까?
혹시 그 외의 잘못된 것들(미움, 질투, 시기, 자기 만족감)만 얻어 가고 있지는 않은지 점검해 봅시다.

°다윗에게 '여호와의 집'은 하나님과의 깊은 관계였습니다.
오늘 하루 하나님과의 깊은 관계 속에서 선하심과 인자하심을 믿으며 살아가도록 노력해 봅시다.

⁸여호와여 내가 주께서 계신 집과 주의 영광이 머무는 곳을 사랑하오니 ⁹내 영혼을 죄인과 함께, 내 생명을 살인자와 함께 거두지 마소서 ¹⁰그들의 손에 사악함이 있고 그들의 오른손에 뇌물이 가득하오나 ¹¹나는 나의 완전함에 행하오리니 나를 속량하시고 내게 은혜를 베푸소서

내가 주님의 집을 사랑합니다

『 시편 26 : 8~11 』

Meditation

"마누라가 예쁘면 처갓집 말뚝 보고도 절한다."라는 말이 있습니다. 사랑하면 사랑하는 사람의 집도 사랑하게 됩니다. 나의 처가는 대방동이었습니다. 아내는 그 집에서 태어나서 결혼할 때까지 그 집에서만 살았습니다. 결혼하기 전까지는 한 번도 이사해 본 적이 없었습니다. 그 집이 지금도 눈

에 선합니다. 많은 가족이 함께 살던 정다운 집입니다. 비싼 집도 아니고 편리한 집도 아닙니다. 그런데도 그 집을 사랑했습니다. 한번은 그 동네를 지나가다가 그 집 앞을 가 봤더니 그 집이 없어진 것이었습니다. 괜히 마음에 섭섭했던 기억이 있습니다. 그 집을 사랑한 것은 내가 그 집에 사는 사람들을 사랑했기 때문입니다. 그래서 그 집에 가면 마당도 쓸고, 화장실 청소도 했습니다.

한국인은 중심지향적 사고를 가지고 있습니다. 그래서 항상 가운데로 집중되고 집도 옹기종기 모여 있습니다. 이런 중심지향적 사고는 가족중심주의를 만들었습니다. 가족중심주의는 고향집에 대한 그리움이 크게 만들었고 설날이나 추석이면 귀성전쟁을 한바탕 치러야 합니다.

고향이나 고향집은 사람 때문에 사랑을 받고 그리움의 대상이 됩니다. 사람을 사랑하면 그 사람의 집도 사랑하기 마련입니다. 오늘의 말씀은 하나님의 전에 대한 다윗의 남다른 사랑을 확실히 보여 주고 있습니다. 하나님에 대한 그의 사랑이 성전에 대한 사랑으로 나타난 것입니다. 하나님 사랑은 곧 성전 사랑입니다.

다윗시대는 아직 성전이 건축되기 이전입니다. 성막시대인데, 성막은 임시거처입니다. 임시거처인 성막이지만 이 성막이 이스라엘의 삶의 중심이었습니다. 광야생활 40년 동안 성막이 그들을 인도하였습니다. 이스라엘 백성들이 성막을 인도한 것이 아니라 성막이 백성들을 인도하였습니다. 성막은 그들의 삶의 중심이었고, 사랑의 대상이었습니다. 다윗은 주께서 계신 집과 주의 영광이 머무는 곳을 사랑했습니다. 우리도 다윗이 가졌던 교회 사랑의 마음을 가질 수 있기를 바랍니다.

첫째, 여호와의 집은 누가 있는 집입니까?

8절은 "여호와여 내가 주께서 계신 집과"라고 합니다. 여호와의 집은 주님이 계시는 집입니다. 여호와의 집은 여호와께서 계시는 집입니다. '우리 집'은 우리가 사는 집입니다. 우리 집의 주인이 우리가 아닐 수도 있습니다. 셋집이라면 내가 살지만 내가 집 주인은 아닙니다. 우리는 "이 집은 아무개 집인데 내가 살고 있는 집이야."라고 하지 않습니다. "이 집은 우리 집이야."라고 합니다. 집이란 소유보다 존재가 주인입니다. 누구의 이름으로 등기가 되어 있는가가 아니라 사는 사람이 누구냐에 따라 주인이 정해집니다.

'주께서 계신 집'이란 성전을 가리키며 하나님이 임재하여 계시는 집을 말합니다. 소유보다 존재가 중요합니다. 성전의 주인이 하나님이신데 다른 신에게 세를 줬다고 상상해 보십시오. 우리가 그 집에, 그 전에 갈 아무런 이유가 없습니다.

부모님의 집이 궁궐 같은 집인데, 그 집을 다른 사람에게 세를 주고 다른 데 살고 계시다면 어디에 세배하러 갑니까? 부모님의 소유인 궁궐 같은 집이 아니라 부모님이 살고 계시는 곳에 가서 세배합니다.

하나님의 전보다 웅장하고 화려한 곳도 많이 있습니다. 엄청나게 크고 화려한 모스크가 있습니다. 힌두사원에 가 봐도 교회보다 더 요란합니다. 불교사찰 중에도 웅장한 곳이 많이 있습니다. 그러나 우리는 결코 거기서 예배하지 않습니다. 왜냐하면 거기는 하나님이 계시는 전이 아니기 때문입니다. 하나님이 계시지 않는 곳에서는 예배하지 않습니다. 하나님이 계시지 않는 곳에서는 예배할 가치가 없습니다. 하나님이 계시지 않는 곳은 단지 구경하러 갑니다.

어느 나라든지 나라를 세운 건국 위인이나 유명인이 살던 곳, 역사적 의미가 있는 곳을 역사유적지로 만듭니다. 사람이 살던 곳, 사람이 잠시 머문 곳도 이렇게 소중하게 관리하는데, 하물며 살아 계신 하나님이 계신 집은 말할 것도 없이 지극히 사랑해야 합니다. 하나님은 살아 계시고, 그 집에 계시고, 그 집에서 예배를 받으시니 그 집을 사랑합니다.

둘째, 여호와의 집은 무엇이 머무는 집입니까?

8절은 "주의 영광이 머무는 곳을 사랑하오니"라고 합니다. 여호와의 집은 여호와의 영광이 머무는 곳입니다. 영광은 하나님의 성막에 충만하였습니다. 출애굽기 40 : 35에는 "모세가 회막에 들어갈 수 없었으니 이는 구름이 회막 위에 덮이고 여호와의 영광이 성막에 충만함이었으며"라고 합니다. 또 이 영광은 성전에 충만하였습니다. 역대하 7 : 2에는 "여호와의 영광이 여호와의 전에 가득하므로 제사장들이 여호와의 전으로 능히 들어가지 못하였고"라고 합니다. 하나님의 전은 하나님이 계시며, 하나님의 영광이 가득합니다. 지금 우리 교회에 하나님의 영광이 가득한 줄로 믿습니다.

솔로몬의 성전에 불이 가득할 때 하나님의 영광도 가득했습니다. 하늘에서 내려온 불이 가득해야, 성령이 충만해야 하나님의 영광이 가득합니다. 하나님의 영광은 불이 가득할 때에 빛납니다. 성령의 충만은 그 자체가 하나님의 영광입니다.

출애굽기의 마지막 절인 40 : 38에는 낮에는 구름이 성막 위에 머물렀고, 밤에는 불이 그 성막 가운데 항상 떠나지 않았음을 알려 줍니다. 이스라엘 온 족속이 그 모든 행진하는 길에서 눈으로 하나님의 영광을 보았습니다. 하나님의 영광이 잠시도 성막을 떠나지 않았습니다. 이스라엘 백성들의 광야 생활 40년 동안 하나님의 영광이 성막에서 잠시도 떠나지 않았습니다. 하나님의 성전과 마찬가지로 하나님의 교회에는 영광이 항상 머물러 있습니다.

출애굽기는 하나님의 구원과 계명을 전합니다. 출애굽기의 후반은 성막 이야기로 가득 차 있습니다. 성막은 작고 초라한 천막이었습니다. 그러나 하나님이 기뻐하시는 집이었습니다. 성막은 성전에 비해 볼 때 초라하기 그지없는 집입니다. 그러나 하나님의 영광이 가득한 집이었습니다. 지금 우리 교회에 하나님의 영광이 가득한 것을 느낍니다.

복음성가의 가사에는 "주의 영광 이곳에 가득해 우린 서네 주님과 함께 찬양하며 우리는 전진하리 모든 영광 주 볼 때까지"라는 노랫말이 있습니다. 우리 교회의 영광이 모든 사람이 바라볼 수 있는 하나님의 영광이 되기를 바랍니다.

우리 모두 주님의 집을 사랑합시다. 사랑하는 것은 어떻게 하는 것입니까? 보고 싶고, 가고 싶고, 아끼고, 아름답게 꾸미고, 구경시켜 주고, 보여 주고, 영광이 사라지지 않도록 보존하는 것입니다. 우리의 삶이 성전 중심의 삶이 되어야 합니다. 우리가 어디에 살든지 교회가 삶의 중심이 되기를 바랍니다. 영광이 빛나는 이 교회를 사랑하는 성도가 되기를 바랍니다.

Application

우리의 삶이 성전 중심의 삶이 됩시다.
우리가 어디에 살든지 교회가 삶의 중심이 되기를 바랍니다.
영광이 빛나는 이 교회를 사랑하는 성도가 되기를 바랍니다.

° 다윗은 주께서 계시고 주의 영광이 머무는 성전을 사랑했습니다. 나는 어떤 이유로 성전을 사랑하고 있는지 점검해 봅시다.

° 성전을 사랑할 수 있는 구체적인 방법에는 무엇이 있을지 생각해 보고 실천해 봅시다.

¹여호와는 나의 빛이요 나의 구원이시니 내가 누구를 두려워하리요 여호와는 내 생명의 능력이시니 내가 누구를 무서워하리요 ²악인들이 내 살을 먹으려고 내게로 왔으나 나의 대적들, 나의 원수들인 그들은 실족하여 넘어졌도다 ³군대가 나를 대적하여 진 칠지라도 내 마음이 두렵지 아니하며 전쟁이 일어나 나를 치려 할지라도 나는 여전히 태연하리로다 ⁴내가 여호와께 바라는 한 가지 일 그것을 구하리니 곧 내가 내 평생에 여호와의 집에 살면서 여호와의 아름다움을 바라보며 그의 성전에서 사모하는 그것이라

내 평생에 여호와의 집에 삽니다

『 시편 27 : 1~4 』

Meditation

나이가 들면 일곱 가지를 '업' 시켜야 한다고 합니다. 그래서 이것을 '세 븐 업'(seven-up)이라고 합니다. 첫째는 '클린 업' 입니다. 늙을수록 몸을 깨끗이 해야 합니다. 둘째는 '드레스 업' 입니다. 늙을수록 옷을 단정하고 예쁘게 입어야 합니다. 셋째는 '쇼 업' 입니다. 늙었다고 움츠리지 말고 당당하

게 자신을 표현해야 합니다. 넷째는 '페이 업' 입니다. 지갑은 열어 돈을 조금은 쓸 줄 알아야 합니다. 다섯째는 '셧 업' 입니다. 입은 닫고 잔소리를 줄여야 합니다. 여섯째는 '치어 업' 입니다. 긍정적으로 활기 있게 살아야 합니다. 일곱째는 '기브 업' 입니다. 포기할 것은 포기할 줄 알아야 합니다. 그런데 최근에 어르신들에게 필요한 것들을 열거한 기사를 보면 은퇴설계 1번이 "집 크기부터 줄여라."라는 것입니다. 크다고 좋은 집이 아니라 자신에게 알맞은 편안한 집에 살라는 것입니다.

집이 크다고 좋은 집입니까? 큰 집은 은퇴 후에 관리비 부담, 청소 부담 등 오히려 짐이 될 때가 많습니다. 자신이 살기에 적당한 집, 너무 크지 않고 작은 집이 좋은 집입니다. 더 중요한 것은 집이 어떤 집이냐가 아니라 누구와 함께 사느냐가 중요한 것입니다. 흔히 음식의 맛 가운데 '사회적 맛' 이 있다고 합니다. 사회적 맛이란 누구와 함께 먹느냐가 가장 중요한 맛입니다. 아무리 맛있는 음식이라도 싫은 사람과 먹으면 맛있는 음식이 아닙니다. 마찬가지로 아무리 좋은 집이라도 싫은 사람과 함께 살면 좋은 집이 아닙니다. 비싸고 좋은 집이라도 싫은 사람과 함께 살면 피곤하고 불편한 법입니다. 어떤 부잣집에 연세 드신 노부부가 살아가는데, 그 좋은 집에서 서로 보지 않고, 각각 다른 방을 사용하는 경우를 보았습니다. 집이 좋아도 삶의 재미는 없을 것입니다.

여호와의 집에 사는 것은 여호와로 인해 즐겁고 기쁨이 됩니다. 그곳이 우리 본향의 본가이기 때문입니다. 가장 가까운 친구 중 한 명이 지금은 대구의 제가 자란 교회의 장로가 되었습니다. 그 친구의 어머니가 기도를 참 열심히 하셨습니다. 일 년이면 300일 이상 교회에서 기도하는 분이셨습니다. 한 번은 새벽기도회에 갔다가 그 어머니를 만나 물었습니다. "어머니, 피곤하지 않으세요? 불편하지 않으세요?" 그때 어머니의 말씀은 이러했습니다. "기도하다가, 졸다가 그러면서 교회에 있지. 그래도 집에서 자는 것보다 교회에서 자야 마음이 편해." 다윗은 여호와의 집의 즐거움을 알고 있었습니다. 여호와의 집에 사는 재미를 알고 있었습니다. 다윗에게 여호와의 집은 가장 편안한 집이었습니다.

첫째, 다윗이 유일하게 바라는 것은 무엇입니까?

4절에는 "내가 여호와께 바라는 한 가지 일 그것을 구하리니 곧 내가 내 평생에 여호와의 집에 살면서"라고 합니다. 다윗에게 여호와 집에 사는 것은 유일한 소망입니다. 다윗은 왕이었음에도 불구하고 그가 바라는 것은 왕권이나 절대 권력이 아니었습니다. 이스라엘 역사에서 가장 부강한 왕이었던 그가 유일하게 바라는 것은 여호와의 집에 사는 것이었습니다.

다윗이 가장 사랑했던 집은 왕궁이 아니라 여호와의 집이었습니다. 다윗의 시대에 여호와의 집은 여전히 성막의 형태였습니다. 외양만 보자면 성막은 초라하고 왕궁에 비할 바도 아닌데 다윗은 그 집을 사랑한다고 고백하였습니다. 그러면서 평생에 여호와의 집에 살겠다고 하였습니다. 평생에 여호와의 집에만 살고 싶은 심정으로 여호와의 집을 떠나지 않겠다고 고백하였습니다. 이는 그의 여호와의 집에 대한 사랑이 얼마나 극진했는가를 말해 줍니다.

요즘 우리나라 사람들이 생각하는 집의 용도는 옛날과는 전혀 다릅니다. 예전에는 집에서 삶의 모든 것을 해결했습니다. 가족의 보금자리였습니다. 그러나 이제는 그렇지 않습니다. 결혼은 결혼식장에서 합니다. 아기 출산은 병원에서 합니다. 아이들은 학교와 학원에서 종일 지냅니다. 아빠는 직장과 밖에서 밤늦도록 있습니다. 엄마가 낮에 집에만 있으면 주변이 없다는 평가를 받게 됩니다. 생일이나 돌, 회갑잔치는 음식점에서 합니다. 장례는 장례식장에서 합니다. 집이 더 이상 가족의 사랑의 보금자리가 아니라 부유층의 과시수단이고, 전 국민의 투기대상이 되었습니다. 집의 개념이 완전히 변질

되었습니다.

　그러다 보니 현대인에게는 집은 있는데 가정이 없고, 가정은 있는데 가족은 없습니다. 이런 가정에서 문제가 발생하여 자살과 학교폭력이 난무하게 되는 것입니다. 이런 집은 결코 환영받지 못합니다. 다윗은 여호와의 집을 극진히 사랑했습니다. 그는 그 마음으로 살았습니다. 이런 마음을 가진 사람의 집은 가정이 있고, 가족이 있는 곳입니다.

둘째, 다윗이 여호와의 집에서 사모하는 것은 무엇입니까?

　4절에는 "여호와의 아름다움을 바라보며 그의 성전에서 사모하는 그것이라"고 합니다. 다윗은 여호와의 집에서 여호와의 아름다움을 사모합니다. 성전에서 여호와의 아름다움을 사모한다는 것은 그곳에 여호와의 아름다움이 있다는 말입니다. 여호와의 성전은 여호와의 아름다움으로 가득 차 있습니다.

　'아름다움'은 히브리어로 '노암'이란 말입니다. 이 말은 '선함', '매력', '아름다운 점', '사랑스러움' 등의 용어로 다양하게 번역할 수 있습니다. 다윗은 하나님의 영광을 아름다움이라고 표현하였을 것입니다. 성전은 하나님의 영광이 가득한 곳입니다. 하나님의 선하심과 아름다우심, 사랑스러우심이 가득한 곳이 성전입니다. 여호와의 성전에서 여호와의 아름다움을 사모하며 살기를 원한다는 것이 다윗의 거룩한 열망입니다.

　여러분도 하나님의 아름다움을 보기 원하십니까? 그렇다면 교회로 가야 합니다. 교회는 하나님의 영광, 아름다움이 가득한 곳입니다. 우리 교회에 들어올 때마다 너무나 아름다워 찬란한 하나님의 영광을 발견할 수 있습니다. 아무도 없는 시간에 혼자 들어와 고요히 기도하고 눈을 떠 보면 어두운 예배당 안이 찬란한 주님의 영광으로 가득 차 있습니다. 그 영광이 얼마나 아름다운지 모릅니다.

5세기 초 아우구스티누스의 기도는 가까이 계셨던 하나님을 벧엘에서 비로소 발견한 야곱의 기도를 반영하고 있습니다. "나는 너무 뒤늦게 당신을 사랑했습니다. 오, 오랫동안 계속된 당신의 아름다움이여, 하지만 항상 새롭나니! 나는 너무 늦게 당신을 사랑했습니다. 그리고 보십시오. 당신은 내 안에 계셨고 나는 멀리 떨어져 있었습니다." 우리의 삶에서 하나님의 영광을, 아름다움을 발견할 수 있기를 바랍니다.

찬송가 242장 2절을 보십시오. "하나님의 아름다움과 그의 영광 볼 때에 모든 괴롬 잊어버리고 거룩한 길 다니리" 하나님의 아름다움과 그의 영광은 거룩한 성전에서 언제나 볼 수 있습니다. 그 영광을 발견한 사람은 언제나 거룩한 길을 다닙니다. 우리 교회를 하나님의 영광으로 가득하게 만듭시다. 하나님의 영광으로 가득할 때 하나님의 교회는 아름답습니다.

세계적 애창곡인 "즐거운 나의 집"은 극작가인 존 하워드 페인의 가사에 맞추어 H. R. 비숍이 작곡한 노래입니다. "즐거운 곳에서는 날 오라 하여도 내 쉴 곳은 작은 집 내 집뿐이리 …… 꽃피고 새 우는 집 내 집뿐이리" 그런데 이 가사를 쓴 존은 가정을 가져 본 적이 없다고 합니다. 그는 가정에 대한 그리움 때문에 이 가사를 썼습니다.

"가정과 같은 곳은 없다."(No place like home.)라는 말이 있습니다. 호텔이 아무리 좋아도 자고 나면 뒤도 안 돌아보고 나옵니다. 이곳은 잠시 편리한 집일뿐, 내가 살 집은 아니기 때문입니다. 그러나 가정이 아무리 좋아도 영원히 살 집은 아닙니다. 내 집이 아무리 좋아도 여호와의 집보다 좋겠습니까? 교회의 아름다움을 평생 사모하며 영원히 주의 집에 사는 하나님의 가족이 되기를 바랍니다.

Application

내 집이 아무리 좋아도
여호와의 집보다 좋겠습니까?
교회의 아름다움을 평생 사모하며
영원히 주의 집에 사는 하나님의 가족이 되기를 바랍니다.

° 큰 교회, 건축물이 아름다운 교회가 좋은 교회가 아니라 하나님과 함께하는 교회가 진정 좋은 교회입니다.
나는 교회를 어떻게 생각하고 있었는지 되돌아 봅시다.

° 내가 여호와의 집에서 사모하는 것은 무엇입니까?
하나님의 아름다움 외에 다른 것을 사모하고 있지는 않은지 생각해 봅시다.

°내가 주의 지성소를 향하여 나의 손을 들고 주께 부르짖을 때에 나의 간구하는 소리를 영광이라 하도다 °그들이 주의 집에 있는 살진 것으로 풍족할 것이라 주께서 주의 복락 집으로 인도하였더니 이제 이 일을 기억하고 내 마음이 상하는도다 °하나님이여 우리가 주 나님의 인자하심을 영원히 의지하리로다 °우리가 같이 재미있게 의논하며 무리와 함께하여

°2주

Church of the Psalms

…호와의 소리가 암사슴을 낙태하게 하시고 삼림을 말갛게 벗기시니 그의 **성전**에서 그의 모든 것들이 말하기를 …시게 하시리이다 °내가 전에 성일을 지키는 무리와 동행하여 기쁨과 감사의 소리를 내며 그들을 **하나님의** …운데에서 주의 인자하심을 생각하였나이다 °그러나 나는 **하나님의 집**에 있는 푸른 감람나무 같음이여 하 … **집** 안에서 다녔도다

¹여호와여 내가 주께 부르짖으오니 나의 반석이여 내게 귀를 막지 마소서 주께서 내게 잠잠하시면 내가 무덤에 내려가는 자와 같을까 하나이다 ²내가 주의 지성소를 향하여 나의 손을 들고 주께 부르짖을 때에 나의 간구하는 소리를 들으소서 ³악인과 악을 행하는 자들과 함께 나를 끌어내지 마옵소서 그들은 그 이웃에게 화평을 말하나 그들의 마음에는 악독이 있나이다

주의 지성소를 향하여 나의 손을 듭니다

『 시편 28 : 1~3 』

---- Meditation

인간의 손은 다른 어떤 동물의 손보다 발달했습니다. 진화론적 관점에서 인간을 다른 동물과 비교하여 인간의 특성을 나타낸 말로서 '손재주가 있는 사람'(homo habilis)이라는 말이 있습니다. 사람처럼 손으로 문화를 발달시킨 피조물은 없습니다. 다시 말하면 손이 사람을 사람 되게 하였다고 해도 과

언이 아닙니다.

　손의 숙련은 두뇌에 달려 있다고 합니다. 손을 많이 쓰면 두뇌가 발달합니다. 아이들도 어릴 때 퍼즐이나 모형 맞추기 등을 많이 하면 두뇌가 발달한다고 합니다. 그림을 잘 그리는 아이들이 두뇌가 발달하고, 손재주가 좋은 아이들이 두뇌가 발달합니다. 그래서 손은 두뇌의 거울이라고 합니다. 손은 얼굴이고, 손은 신체이며, 손은 자신인 것입니다.

　우리 민족은 손이 발달한 민족입니다. 손이 발달하여 손을 잘 쓰고, 말로 해도 될 것까지도 손으로 하는 경우가 많이 있습니다. 음식점에서 음식을 주문할 때 '통일'을 외치면 끝나고, 아니면 손을 들어 보라고 하는 것이 대표적인 예입니다. 음식을 가지고 와서 "무슨 음식 주문하신 분 손들어 보세요."라고 하면 또 손을 듭니다. 이렇게 손을 많이 쓰다보니 우리나라 말은 손을 은유하는 표현이 많이 발달했습니다. "손 좀 빌려다오.", "그 일에 손 뗐다.", "저 사람 손 좀 봐야겠다.", "일손이 부족하다.", "숟가락 놨다."와 같은 표현들을 보면 알 수 있습니다.

　성경에서도 손의 여러 기능이 나옵니다. 첫째는 기도하는 기능입니다. 디모데전서 2 : 8에는 "거룩한 손을 들어 기도하기를 원하노라"라고 합니다. 둘째는 축복의 기능입니다. 누가복음 24 : 50에는 "예수께서 그들을 데리고 베다니 앞까지 나가사 손을 들어 그들에게 축복하시더니"라고 합니다. 셋째는 기적을 베풀 때의 기능입니다. 출애굽기 9 : 22에는 "여호와께서 모세에게 이르시되 너는 하늘을 향하여 손을 들어"라고 합니다. 넷째는 맹세의 기능입니다. 창세기 14 : 22에는 "지극히 높으신 하나님 여호와께 내가 손을 들어 맹세하노니"라고 합니다. 그 외에도 성경에는 손을 들었다는 기록이 많이 있습니다.

　우리는 손을 언제 듭니까? 우리는 질문이나 대답을 할 때에 손을 들기도 하고 항복하거나, 무기가 없음을 보여 줄 때에 손을 듭니다. 또한 찬양이나 칭찬을 할 때에 손을 듭니다. 다윗은 지성소를 향하여 손을 들었습니다. 지성소를 향하여 손을 든 것은 지성소를 우러러 찬양하는 것입니다. 하나님께 존경과 항복의 의미를 표현하는 것입니다. 우리 역시 주의 교회, 성전을 향하여 손을 들고 간구하는 주의 성도가 되어야 할 것입니다. 다윗의 모습을 조금 더 깊이 살펴봅시다.

첫째, 다윗은 지성소를 향하여 무엇을 들었습니까?

2절에는 "내가 주의 지성소를 향하여 나의 손을 들고"라고 합니다. 다윗은 왜 지성소를 향해 손을 들었습니까? 고대 이스라엘 백성들의 기도하는 습관은 손을 드는 것이었습니다. 출애굽기 17 : 11에는 "모세가 손을 들면 이스라엘이 이기고 손을 내리면 아말렉이 이기더니"라고 합니다. 모세는 하나님의 도우심을 간절히 비는 의미로 손을 들었습니다. 우리도 간절한 마음으로 하나님께 간구할 때에 자신도 모르게 손이 올라갑니다.

한국인의 기도는 세계에서 가장 동적인 기도라고 합니다. 동양의 기도는 주로 아래로 손을 모으고 하고, 남미인들은 두 손을 모아 공중을 향해 듭니다. 이렇게 각 나라마다 기도의 방법이 다르지만 우리나라의 기도방법은 별납니다. 한국인의 기도는 깍지를 끼고 쉴 새 없이 흔들어 댑니다. 한국인들은 손을 위로 들 뿐 아니라 손을 흔들어 댑니다.

성경에는 간절한 기도의 예가 여럿이 있습니다. 모세의 백성을 위한 기도가 별납니다. 백성들을 용서해 주지 않으시려면 자기의 이름을 생명책에서 지워 달라고 합니다. 사무엘의 어머니 한나의 기도가 별납니다. 포도주에 취한 사람처럼 입을 벌리며 기도하였습니다. 우리 예수님의 기도가 별납니다. 땀이 흘러 피가 될 정도로 세찬 기도를 하셨습니다. 이런 기도가 모두 두 손을 든 것 같은 간절한 기도입니다.

한국교회에서의 기도시간은 무릎을 꿇고 기도하는 시간이 많습니다. 저도 그랬던 기억이 있습니다. 개인기도할 때는 엎드려서 했었습니다. 교회에서 강단에 무릎을 꿇고 기도하였는데, 10여 분이 지났을까 하여 눈을 떠 보니 아침이 밝아오고 있었다는 말을 들었습니다. 예레미야애가 3 : 41에는 "우리의 마음과 손을 아울러 하늘에 계신 하나님께 들자"라는 말씀이 있습니다. 우리는 손뿐만 아니라 우리의 마음도 들고 기도해야 합니다. 손만 들면 아무 소용이 없습니다. 우리 마음을 들어 하나님께 올려야 합니다. 마음과 손을 들어 간절히 기도하는 우리 교회가 되기를 바랍니다.

"두 손 들고 찬양합니다 다시 오실 왕 여호와께 오직 주만이 나를 다스리네 나 주님만을 섬기리 헛된 마음 버리고 성령이여 내 영혼 충만하게 하소서 주님 앞에 내 생명 드리리다" 하는 찬양처럼 두 손을 들고 간절히 생명을 드리는 기도를 올리는 우리가 되기를 바랍니다.

둘째, 다윗이 지성소를 향하여 손을 드는 이유는 무엇입니까?

2절에는 "주께 부르짖을 때에 나의 간구하는 소리를 들으소서"라고 합니다. 다윗은 간구하는 소리를 들어 달라고 손을 듭니다. 얼마나 간절하게 간구하였기에 손을 들고 했겠습니까? 이런 간절함이 있어야 하나님께서 들으십니다. 이런 자세가 하나님께서 열납하시는 자세입니다.

어떤 수도사는 손을 꼭 잡고 오래 기도하여 손이 오그라져 펴지지 않았다고 합니다. 어떤 수도사는 무릎을 꿇고 오래 기도하여 무릎이 낙타무릎같이 되었다고 합니다. 야곱이 천사와 씨름할 때에도 야곱이 얼마나 끈질기게 하였는지 천사를 놓아 주지 않아 천사가 져 주었습니다. 사람과 하나님이 씨름하면 하나님이 이길 것 같지만 하나님이 져 주시기에 사람이 이기는 것입니다. 아브라함의 하나님께 대한 강청의 기도를 봐도 소돔과 고모라를 용서해 달라고 한 번도 아니고 여섯 번이나 조르는 것을 볼 수 있습니다. 아브라함의 간절함과 하나님의 인내가 만나서 이런 간절한 기도가 가능하게 된 것입니다.

누가복음 18장에는 강청기도에 대한 과부와 재판장의 비유가 나옵니다. 재판장은 과부의 간절한 바람 때문에 들어주지 않으면 계속해서 괴롭힐 것이라고 하여 들어주었습니다. 바리새인과 세리의 기도도 그렇습니다. 하나님은 율법적인 보고가 아니라 간절한 세리의 자세 때문에 그의 기도에 응답하셨습니다. 밤에 빵을 빌리러 온 이웃의 비유도 마찬가지입니다. 벗이기 때문이 아니라 간절한 마음 때문에 빵을 빌려 주었습니다. 결국 하나님은 이런 간절함이 있는 기도를 들어주십니다.

엔도 슈사쿠의 「침묵」이라는 소설은 실화를 그 바탕으로 합니다. 이 소설은 일본에 처음 천주교가 들어왔을 때의 이야기인데, 박해를 이기지 못하여 배교한 신부와 하나님과의 대화가 등장합니다. "주여, 당신이 침묵하고 계시는 것을 원망하고 있었습니다." 신부의 말에 하나님은 "나는 침묵하고 있었던 게 아니다. 함께 괴로워하고 있었는데……."라고 하십니다. 하나님은 귀를 닫고, 눈을 감고 계시는 하나님이 아니십니다. 언제나 귀를 활짝 열고 계십니다. 눈을 부릅뜨고 계십니다. 이사야 37 : 17에는 "여호와여 귀를 기울여 들으시옵소서 여호와여 눈을 뜨고 보시옵소서"라고 합니다. 이런 간절한 간구가 우리에게 있기를 바랍니다.

하나님의 전에서 손을 듭시다. 하나님께 항복하고 하나님께 간절히 기도합시다. 하나님을 향해 든 손이 내려오지 않게 합시다. 우리의 기도가 손을 든 강청기도가 되게 합시다. 주님께 손을 들고 강청하고, 손을 들고 기도하면 주님께서 들으실 것입니다. 주님께 간절함의 손을 드는 주의 사람들이 되기를 바랍니다.

Application

하나님의 전에서 손을 듭시다.
하나님께 항복하고, 하나님께 간절히 기도합시다.
주님께 간절함의 손을 드는
주의 사람들이 되기를 간절히 바랍니다.

° 손에는 여러 가지 기능이 있습니다. 손을 선하게 사용할 수 있는 구체적인 방법들에 대해 생각해 봅시다.

° 손을 들고 기도하는 것은 간절함의 표현입니다. 나의 기도에는 간절함이 있습니까?
혹시라도 무감각한 마음을 가지고 습관적으로 기도하는 부분은 없는지 점검해 봅시다.

⁸여호와의 소리가 광야를 진동하심이여 여호와께서 가데스 광야를 진동시키시도다 ⁹여호와의 소리가 암사슴을 낙태하게 하시고 삼림을 말갛게 벗기시니 그의 성전에서 그의 모든 것들이 말하기를 영광이라 하도다 ¹⁰여호와께서 홍수 때에 좌정하셨음이여 여호와께서 영원하도록 왕으로 좌정하시도다

모든 것이 성전에서
여호와의 영광을
말합니다

『 시편 29 : 8~10 』

Meditation

    영광이란 말은 히브리어로 '카보드'라고 하는데, '무거움, 중량, 중후함'의 뜻을 가지고 있는 단어입니다. 헬라어로는 '독사'라는 말인데 '인정하다'라는 의미를 가진 단어입니다. 영광이 빛이라는 동양적 사고와는 좀 다릅니다. 즉, 하나님께 영광이란 말은 문자적으로 하나님의 존재를 인정하

는 것, 하나님을 하나님으로 인정하는 것을 의미합니다.

하나님의 영광을 신학적으로는 두 가지로 나눕니다. 하나는 본체적 영광이며 다른 하나는 효과적 영광입니다. 본체적 영광이란 의지를 포함하지 않은 본질적인 영광으로 보통 영광이라고 합니다. 효과적 영광이란 의지를 포함한 영광으로 고등 영광이라고 합니다. 해와 하늘은 하나님의 피조물로서 저절로 영광을 드러내게 되어 있습니다. 이런 영광이 본체적 영광입니다. 사람은 의지를 가지고 영광을 돌립니다. 이런 영광이 효과적 영광이며 효과적 영광이 참 영광이라 할 수 있습니다.

시편 19 : 1에는 "하늘이 하나님의 영광을 선포하고 궁창이 그의 손으로 하신 일을 나타내는도다"라고 합니다. 하늘이 '영광 돌립니다' 라고 하지 않지만 그 자체로 영광이 됩니다. '영광 돌리다' (glorify)라는 말은 '아름답게 하다' (beautify)라는 말과 같은 말입니다. '영광 돌리다' 라는 말은 '확대하다' (magnify)라는 말에 가깝습니다. 하나님께 영광을 돌리는 것은 하나님을 위대하고 크신 하나님으로 인정하는 것입니다. 이사야 43 : 7에는 "내 이름으로 불려지는 모든 자 곧 내가 내 영광을 위하여 창조한 자를 오게 하라 그를 내가 지었고 그를 내가 만들었느니라"라고 합니다. 하나님의 영광을 위하여 창조한 자가 하나님께 영광을 돌리는 것은 당연한 일입니다.

웨스트민스터 소요리문답 1조에는 "사람의 제일 되는 목적은 하나님을 영화롭게 하는 것과 그를 영원토록 즐거워하는 것입니다."라고 기록되어 있습니다. 하나님을 영화롭게 하고, 영광을 돌리는 것은 사람됨의 목적인 것입니다. 하나님의 성전에서는 모든 것이 하나님께 영광을 돌립니다. 우리 교회의 모든 것이 다 하나님께 영광이 되기를 바랍니다. 이것은 하나님의 성전에서도 이루어져야 합니다.

첫째, 여호와의 성전에서 누가 말합니까?

9절에는 "그의 성전에서 그의 모든 것들이 말하기를"이라고 합니다. 하나님의 '모든 것'들이 성전에서 하나님의 영광을 말합니다. 하늘의 성전과 지상의 성전에서 모든 것이 하나님의 영광을 말한다는 것인데, 여기서 모든 것이란 하늘의 천사들과 모든 성도들을 의미합니다. 하나님께서 그분의 영광을 위하여 창조하신 모든 것들이 하나님의 영광을 찬양하며 영광을 돌리는 것입니다.

창세기 1 : 31에는 "하나님이 지으신 그 모든 것을 보시니 보시기에 심히 좋았더라"라고 합니다. 하나님께서는 모든 것을 보시기에 가장 좋게 지으셨습니다. 하나님의 창조는 모든 것이 완벽하였고 하나님이 보시기에도 좋았습니다. 가장 좋은 상태로 지음을 받은 모든 것이 하나님께 영광을 돌려야 할 이유가 바로 여기에 있습니다.

하나님께 영광을 돌려야 할 우리들이 이제는 그 이름을 스스로 낮춥니다. 노인정에서 할머니들이 아들 자랑을 시작했습니다. 한 할머니가 "내 아들은 목사야."라고 했더니 다른 할머니는 "내 아들은 추기경이야."라고 대응했습니다. 그러자 다른 할머니는 "내 아들은 교황이야."라고 했습니다. 그때 한 할머니가 말했습니다. "내 아들은 하나님이야. 못 생겼고, 뚱보지만 그래도 남들은 우리 아들을 보면 한결같이 '오 마이 갓, 오 마이 갓' 하는 거 알아?"

'예수 그리스도'(Jesus Christ)의 이름이 욕으로 변질되거나 유머로 불리는 시대입니다. '오 하나님'(Oh my God)이 감탄사가 된 시대입니다. 모계사회에서는 감탄사나 위기 때 부르는 말이 어머니를 부르는 '어머나' 인데, 부계사회에서는 아버지의 대명사로서 '오 하나님'을 부르는 것입니다.

하나님께서 지으신 모든 사람이 예수님을 구주로 믿어야 하고, 하나님을 아버지로 인정해야 합니다. 사실은 모든 사람이 '오 하나님'이라고 불러야 합니다. 시편 145 : 10에는 "여호와여 주께서 지으신 모든 것들이 주께 감사하며 주의 성도들이 주를 송축하리이다"라고 합니다. 이 세상을 지으시고 좋았더라고 기뻐하신 하나님께 모든 피조물들은 감사하고 영광을 돌려야 마땅합니다.

둘째, 성전에서 모든 것들이 무엇을 말합니까?

같은 절에 "그의 모든 것들이 말하기를 영광이라 하도다"라고 합니다. 모든 하나님의 피조물들이 '하나님께 영광'이라고 말합니다. 하나님께서 지으신 모든 피조물의 가장 기본적인 의무는 지으신 분에게 영광을 돌리는 것입니다. 자기를 지으신 분에게 영광을 돌리는 것은 지음 받은 존재의 최대의 의무입니다.

하나님은 모든 것을 그분의 영광을 위해 만드셨기 때문에 하나님의 영광이 없이는 아무것도 존재하지 않을 것입니다. 하늘과 땅, 그리고 모든 만물이 하나님의 영광을 위해 창조되었습니다. 그러므로 모든 만물이 하나님께 영광을 돌리는 일은 마땅한 일입니다.

전 우주에서 하나님의 피조물 가운데 단 두 가지만이 하나님께 영광을 돌리지 못했는데, 그것은 타락한 천사(사탄)와 우리들(인간)입니다. 다른 모든 피조물들은 저절로 하나님께 영광을 돌리게 되는데, 사탄과 인간은 영광을 돌리지 않습니다. 피조물이 하나님께 영광을 돌리지 못하는 것은 가장 큰 배반입니다. 가장 극악한 죄입니다.

종교개혁가들은 '오직 하나님께 영광'(Soli Deo Gloria)이라고 말했습니다. 하나님 외에는 누구도 영광을 받을 가치가 없고, 하나님은 홀로 모든 영광을 받으셔야 한다는 말입니다. 성 이레니우스는 하나님의 영광은 인간이 온전히 살아가는 그 자체라고 하였습니다. 그러므로 먹든지 마시든지 일하든지 말하든지 놀든지 하나님의 영광을 위해 하는 것이 아니라는 생각이 들면 즉시 멈추어야 합니다. 하나님의 영광을 위해 살지 않는 것은 자신의 영광을 위해 살기 시작했다는 뜻입니다. 자신의 영광을 위하여 하는 모든 것이 죄이고 하나님의 영광을 위해 살지 않는 모든 것이 죄입니다.

우리가 직업을 선택할 때 몇 가지 방법이 있습니다. 그 가운데 하나는 "나는 직장에서 하나님의 영광을 위해서 일하고 있는가?"라고 물어보는 것입니다. 우리의 모든 일에 하나님의 영광이 우선되어야 합니다. 시편 86 : 9 "주여 주께서 지으신 모든 민족이 와서 주의 앞에 경배하며 주의 이름에 영광을 돌리리이다"라고 합니다. 모든 민족, 모든 사람, 모든 피조물이 주께 영광을 돌려야 합니다. 이것이 하나님께서 세상을 만드신 피조의 원리입니다. 하나님께서 창조하신 원리에 따라 사는 것이 선이며, 평안입니다.

미국으로 이주한 청교도들이 남긴 유산이 거대한 미국을 만들었습니다. 1776년 식민지 개척자들이 잉글랜드를 몰아냈을 때 이들의 75%가 청교도였습니다. 미국의 탁월함, 교육, 정부, 윤리, 정직에 대한 열정, 이 모든 것이 하나님의 영광을 위해 세상을 변화시키겠다는 비전에서 시작되었습니다. 미국의 좋은 점은 거의 청교도에서 왔고, 나쁜 점은 이러한 세계관을 거부한 데서 왔습니다.

우리나라와 모든 나라, 그리고 모든 피조물이 하나님의 영광을 위해 살 때까지 우리 모두가 복음전파에 힘써야 합니다. 먹든지 마시든지 무엇을 하든지 하나님의 영광을 위하여 하는 성도가 됩시다. 우리 교회가 하나님의 영광을 선포하는 영광이 가득한 교회가 되기를 간절히 바랍니다.

Application

우리 모두가 먹든지 마시든지 무엇을 하든지
하나님의 영광을 위하여 하는 성도가 됩시다.
우리 교회가 하나님의 영광을 선포하는
영광이 가득한 교회가 되기를 바랍니다.

° 하나님 외에 다른 것들에게 영광을 돌리려 하고 있는 것은 없는지 생각해 봅시다.

° 하나님께 영광 돌리는 삶을 살아가기 위해 오늘 내가 할 수 있는 것, 또는 해야 할 것은 무엇이 있는지 생각해 봅시다.

[5] 여호와여 주의 인자하심이 하늘에 있고 주의 진실하심이 공중에 사무쳤으며 [6] 주의 의는 하나님의 산들과 같고 주의 심판은 큰 바다와 같으니이다 여호와여 주는 사람과 짐승을 구하여 주시나이다 [7] 하나님이여 주의 인자하심이 어찌 그리 보배로우신지요 사람들이 주의 날개 그늘 아래에 피하나이다 [8] 그들이 주의 집에 있는 살진 것으로 풍족할 것이라 주께서 주의 복락의 강물을 마시게 하시리이다

주의 집에 있는
살진 것으로
풍족합니다

『 시편 36 : 5~8 』

어머니의 사랑에 대한 수필가 이난영 씨의 아름다운 글이 있습니다. "어머니 가슴속엔 깊은 샘 하나 숨겨 두고 있지요. 아무리 퍼내도 마르지 않는 자식을 사랑하는 사랑의 샘이지요. 내주어도 내주어도 끝없는 샘물처럼 솟아나는 어머니 사랑. 행여 아들 진자리 들까 행여 자식 몸 성치 않을까 가누

지 못할 노쇠한 몸으로도 자식 향한 근심 지울 날 없으시다 마침내 그 사랑의 샘이 말라 더 이상 내줄 게 없을 때 홀연히 자식 곁을 떠나시지요." 이 글에서는 어머니의 사랑을 '아무리 퍼내도 마르지 않는 샘'이라고 표현하면서 무한한 사랑인 것과 같이 말합니다. 하지만 '마침내 그 사랑의 샘이 말라'라고 표현하며 이 사랑에도 끝이 있음을 말합니다. 이것이 인간의 한계입니다.

아무리 어머니의 샘이 풍족하다고 하더라도 하나님의 풍족하심, 풍성하심과는 비교도 안 됩니다. 하나님은 문자 그대로 풍성하시고, 무궁하시고, 영원하십니다.

전 세계적으로 가장 애송된 시편은 23편일 것입니다. 다윗의 이 시는 하나님의 풍성, 평안, 힘을 부어 주는 시입니다. "여호와는 나의 목자입니다. 내가 부족함이 없습니다. 푸른 초장, 쉴 만한 물가로 인도하십니다. 기름으로 내 머리에 바르십니다. 내 잔이 넘칩니다." 이 모든 말들이 얼마나 하나님의 풍성함을 경험적으로 고백하는지 모릅니다.

우리나라 사람들은 흔히 생존을 위하여 세 가지가 충족되어야 한다고 합니다. 의식주(衣食住)가 그것입니다. 하지만 우리 하나님의 사랑은 이 모든 것을 해결해 주십니다.

우리가 걱정하는 의(衣)를 보십시오. 하나님은 이스라엘 백성들의 40년 광야생활에서 옷이 해어지지 않게 하셨습니다. 식(食)을 보십시오. 하나님은 그들의 광야생활에서 만나를 주시고 메추라기를 먹게 하셨습니다. 주(住)를 보십시오. 광야생활에서 살 집의 염려를 없게 하신 하나님은 그 아버지 집에 있을 곳이 많게 하셨습니다.

이러한 하나님의 은혜는 마르지 않고 흐르는 강에 사는 나무가 "그 잎사귀가 마르지 아니함 같으니"라고 노래할 만큼 풍성합니다. 퍼도 퍼도 바닥이 나지 않는 독과 같습니다. 이런 하나님의 은혜로 우리의 삶이 풍성하기를 바랍니다. 이 은혜는 주의 집에서부터 시작됩니다.

첫째, 주의 집으로 말미암아 풍족하게 되어야 할 사람은 누구입니까?

8절에는 "그들이 주의 집에 있는 살진 것으로 풍족할 것이라"고 합니다. 그들은 누구를 말합니까? 모든 인류 공동체를 말합니다. 7절에는 "사람들이 주의 날개 그늘 아래에 피하나이다"라고 합니다. '사람들'이란 히브리어로 '브네이 아담'이란 말입니다. 문자적으로는 '인간의 자식들'이라는 말이며, 이는 '인류 전체'를 의미합니다. 하나님의 존재를 인식하든 못하든 모든 세대, 모든 인류는 하나님의 은총으로 살고 있습니다.

요한복음 3 : 16은 '작은 복음'이라는 별명을 가지고 있습니다. 성경 전체를 요약하면 바로 이 구절이 된다는 것입니다. "하나님이 세상을 이처럼 사랑하사 독생자를 주셨으니 이는 그를 믿는 자마다 멸망하지 않고 영생을 얻게 하려 하심이라" '그를 믿는'이란 구원의 제한성입니다. 구원은 아무에게나 주어지는 것이 아닙니다. 그러나 '자마다'라는 말에는 구원의 보편성이 담겨 있습니다. 믿기만 하면 구원받지 못할 자가 하나도 없음을 말합니다.

예수님께서 말씀하신 왕의 혼인잔치 비유에는 초청자가 네거리에 가서 가난한 자, 몸 불편한 자, 저는 자, 눈먼 자 등 모두를 데리고 오라고 합니다. 이것이 하나님의 마음이며 의도입니다. 하나님은 모든 사람을 다 하나님께로 데려와 구원받게 하기를 원하십니다.

이런 의미에서 하나님 나라의 문은 열린 문입니다. 교회는 열린 문이어야 합니다. 누구든지 다 들어와 구원받을 열린 문입니다. 그렇기에 우리 교회는 대문이 없습니다. 이는 교회는 열린 문이어야 한다는 상징입니다. 우리 교회에 누구든지 다 들어와서 구원을 얻게 되기를 바랍니다.

교회는 보편성과 개방성을 가지고 있습니다. 누구나 다 들어와 하나님의 자녀가 될 수 있습니다. 하나님은 이것을 원하고 계십니다. 바울 복음의 유연성을 보십시오. '유대인에게는 유대인같이, 율법 있는 자에게는 율법 있는 자 같이, 율법 없는 자에게는 율법 없는 자 같이' 한다고 말합니다. 어떻게 하든지 더 많은 사람들을 구원하고자 하기 때문입니다.

하나님의 입장에서 볼 때 구원받지 못할 사람이나 구원받지 않아도 될 사람은 없습니다. 교회는 모든 사람이 하나님의 사랑으로 풍족해야 하고, 모든 사람을 구원해야 합니다. 이것이 교회를 이 땅에 세우신 하나님의 목적입니다.

둘째, 모든 사람들이 무엇 때문에 풍족합니까?

8절에는 "그들이 주의 집에 있는 살진 것으로 풍족할 것이라"고 합니다. 주의 집에 있는 살진 것 때문에 모든 사람이 풍족합니다. '살진 것' 이란 히브리어의 '데쉔' 이란 말인데 '기름', '기름진 것', '풍성한 음식' 을 말합니다. 이 말은 영적 축복과 더불어 물질적 축복을 상징하는 말입니다.

'풍족할 것이라' 는 말은 풍성하게 비가 온 후에 땅 혹은 밭이 물기로 가득 찼다는 뜻입니다. 이 말은 교회 공동체가 하나님께 예배함으로 누리게 되는 영육의 축복이 풍성할 것임을 가리키는 것입니다.

하나님의 교회는 언제나 풍족합니다. 풍족한 것은 하나님 나라의 모습입니다. 언제나 넘치는 풍성함이 교회를 교회 되게 합니다. 광야에서 이스라엘 백성들이 성막을 지을 때를 떠올려 보십시오. 브살렐과 오홀리압이 성막 건축의 일을 맡았는데 백성들이 성막에 쓸 물건을 너무 많이 가져왔습니다. 모세는 백성들에게 너무 많이 가지고 왔으니 이제 그만 가지고 오라고 합니다. 성막의 풍족함을 의미합니다. 탕자의 비유에도 아버지 집의 풍성함이 나타납니다. 둘째 아들은 집을 나가, 가지고 있던 돈을 다 탕진하고 말합니다. "내 아버지에게는 양식이 풍족한 품꾼이 얼마나 많은가" 아들이 돌아왔을 때에 아버지는 "살진 송아지를 끌어다가 잡으라"고 합니다. 아버지 집의 풍족함을 말합니다.

누가복음 6 : 38에는 "주라 그리하면 너희에게 줄 것이니 곧 후히 되어

누르고 흔들어 넘치도록 하여 너희에게 안겨 주리라"고 합니다. 우리가 우리의 것을 다른 이들에게 주면 우리에게 더 풍족하게 주시겠다는 말씀입니다. 그러므로 많이 주는 우리, 풍성하게 퍼 주는 교회가 되어야 합니다.

세계 인구는 현재 70억 명가량이 됩니다. 2050년에는 93억 명이 될 것이라고 전망합니다. 그 가운데 15억 명은 비만이고, 9억 2,000만 명은 영양실조입니다. 하루에 10만 명이 굶주림 가운데 죽어 가고 있습니다. 온 인류가 서로 나누고 함께 살면 120억 명이 살기에 우리 지구는 충분하다고 합니다. 하지만 인간의 이기심과 나누지 못하는 마음이 함께 죽게 만들고 있습니다. 하나님은 풍족하신데, 인간은 부족합니다. "우리에게 일용할 양식을 주시고" 이 기도는 절실한 기도입니다. 일용할 양식 외에 지나치게 욕심을 부리지 않고 내가 먹고 남은 것은 다른 사람에게 주는 것이 이 기도의 핵심이고, 이러한 모습이 오늘날 우리가 살아가야 할 모습입니다.

초대 교회에 빈민구제와 사랑을 실천하던 식스투스 감독이 발레리아누스 황제에 의해 순교를 당했습니다. 그 교회의 수석 집사인 라우렌티우스는 경건한 사람이었는데, 로마 시장이 그에게 교회의 전 재산을 국가에 상납하라는 명령을 내렸습니다. 그는 시장에게 재산을 정리할 기간이 필요하다는 구실을 대고, 전 재산을 팔아 어려운 이들에게 나누어 주었습니다. 그리고 그들을 교회당에 다 모이게 하였습니다. 정한 날이 되어 시장이 교회당에 와서 보물을 요구하자 그는 예배당 문을 활짝 열었습니다. 거기에는 눈먼 자, 말 못하는 자, 걸인, 병자, 고아, 과부들이 잔뜩 모여 있었습니다. 그는 시장에게 "교회의 보물이 여기에 있습니다." 하고 소리쳤습니다.

하나님의 교회는 보물로 풍족합니다. 우리 교회가 늘 풍족하여 모든 사람을 살지게 하고, 풍족하게 하기를 바랍니다.

Application

하나님의 교회는 보물로 풍족합니다.
모든 교회가 늘 풍족하여 모든 사람을 살지게 하고,
풍족하게 하는 교회가 되기를 바랍니다.

° 하나님은 모든 사람을 주의 집으로 부르십니다.
혹시 주의 집으로 말미암아 '나만' 풍족하면 된다는 마음이 있지는 않았는지 생각해 봅시다.

° 하나님께서는 영적 축복과 물질적 축복을 나만 누리라고 주시지 않았습니다.
내 주변에 내게 주신 축복을 함께 누릴 수 있는 사람이 누가 있을지 생각해 보고 구체적인 나눔을 실천해 봅시다.

¹하나님이여 사슴이 시냇물을 찾기에 갈급함같이 내 영혼이 주를 찾기에 갈급하니이다 ²내 영혼이 하나님 곧 살아 계시는 하나님을 갈망하나니 내가 어느 때에 나아가서 하나님의 얼굴을 뵈올까 ³사람들이 종일 내게 하는 말이 네 하나님이 어디 있느뇨 하오니 내 눈물이 주야로 내 음식이 되었도다 ⁴내가 전에 성일을 지키는 무리와 동행하여 기쁨과 감사의 소리를 내며 그들을 하나님의 집으로 인도하였더니 이제 이 일을 기억하고 내 마음이 상하는도다

믿지 않는 자를 하나님의 집으로 인도합니다

『 시편 42 : 1~4 』

Meditation

지난 2월 필리핀에서 한국인 관광객 4명이 현지인에게 납치된 사건이 있었습니다. 한국인 관광객들은 한 사람당 600만 원씩을 내고 풀려났습니다. 뒤에 납치범들이 잡혔는데 납치범 가운데는 현지 경찰, 한국인 브로커, 그리고 한국인 가이드 최 모 씨가 포함이 되어 있었습니다. 다행이 납치는 일곱

시간 만에 끝이 났지만 세상에 믿지 못할 일이 얼마나 많은지 모릅니다. 가이드는 인도자인데, 관광객들을 어디로 인도하였습니까? 안전하지 못한 곳으로 인도한 것입니다.

인도자에게는 적어도 몇 가지 중요한 조건이 있습니다. 첫째는 정직해야 합니다. 둘째는 바른길을 알고 있어야 합니다. 셋째는 성실해야 합니다. 넷째는 추종자들을 보호해야 합니다. 마지막으로 다섯째는 분명한 신념이 있어야 합니다. 특히 신앙적 인도자, 영적 인도자는 신앙적 신념이 확실해야 합니다.

'셰르파'는 고산 인도자입니다. 히말라야에 가면 셰르파를 직업으로 하는 이들이 많이 있습니다. 우리나라의 등반대장들을 보면 히말라야를 갈 때에 자신의 단골 셰르파가 있음을 보게 됩니다. 지난해 박명석 대장이 안나푸르나에서 실종되었을 때에 박 대장의 셰르파가 자신의 잘못으로 그가 실종되었다고 흐느끼는 것을 TV에서 보았습니다. 한 치 앞을 알 수 없는 험난한 산중에서 실종자를 수색하기도 하고 올바른 길을 찾아내는 사람이 인도자로 적합한 사람인 것입니다. 이런 전문적이고 신실한 인도자가 필요합니다. 우리에게는 이런 인도자가 계십니다.

예수님이 공생애 초기에 주로 하신 말씀은 "와 보라."는 말씀입니다. 예수님이 제자들을 취하실 때 "와 보라."고 하셨고 제자들은 예수님을 따라갔습니다. 예수님을 만난 빌립이 나다나엘에게 "와 보라."고 합니다. 사마리아 수가 우물가에서 만났던 여인에게 예수님은 "와 보라."고 하셨고, 여인은 동네에 가서 메시야를 만났다고 선포하였습니다. 이를 통해 예수님은 분명한 신념을 가지고 계신 신앙적 인도자라는 것을 알 수 있습니다.

예수님과 같은 인도자가 있는가 하면 방해자도 있습니다. 마태복음 15 : 14에는 "만일 맹인이 맹인을 인도하면 둘이 다 구덩이에 빠지리라"고 합니다. 마태복음 23 : 13에는 "화 있을진저 외식하는 서기관들과 바리새인들이여 너희는 천국 문을 사람들 앞에서 닫고 너희도 들어가지 않고 들어가려 하는 자도 들어가지 못하게 하는도다"라고 합니다. 이들은 인도하지 못할 뿐 아니라 들어가는 사람도 들어가지 못하게 하는 방해자들이었습니다.

"피리 부는 사나이"(The Pied piper of Hamelin)라는 이야기가 있습니다. 독일 하멜른 지방의 전설에 나오는 이야기입니다. 어느 동네에 쥐가 너무 많아 사람들이 골머리를 앓고 있었습니다. 그런데 피리 부는 사나이가 피리를 불면 사람이나 동물이 다 피리소리를 따라 오는 것이었습니다. 그래서 시장은 이 능력으로 쥐를 다 몰아 없애 주면 피리 부는 사람에게 상당한 보상을 하기로 했지만 결국 그 약속을 어겼습니다. 화가 난 사나이는 동네를 돌면서 피리를 불어 아이들을 다 모아 동네 언덕 위 절벽으로 데리고 갔습니다. 조금 후면 아이들이 모두 절벽 아래로 떨어지게 되는 급박한 상황이었습니다. 결국 그제야 시장은 피리 부는 사나이에게 정당한 대가를 주었다고 합니다.

예수님은 우리의 좋은 인도자이십니다. 우리도 예수님을 따라 세상 사람들의 좋은 인도자가 되어야 합니다. 피리를 크게 불어 사람들을 주의 전으로 인도하는 우리가 되기를 바랍니다.

첫째, 하나님의 집에는 누구와 갑니까?

4절 상반절에는 "내가 전에 성일을 지키는 무리와 동행하여"라고 합니다. 성일을 지키는 무리와 동행하여 하나님의 집에 들어갑니다. '성일을 지키는'이란 말은 히브리어로 '호게그'라는 말인데 '원 안에서 돌다, 성스럽게 행진하다, 춤추다' 등의 의미를 가지고 있습니다. 이는 성일을 축하하고 축제를 지키는 행위를 의미합니다. 즉, 성일을 기쁘게 지키는 모든 사람이 함께 전에 올라야 한다는 것입니다.

누구나 성일은 기쁘게 맞이해야 하고, 성일은 누구나 다 주의 전에 올라가야 합니다. 출애굽은 특정하게 선택된 사람에게 주어진 것이 아니라 이스라엘 전체에게 주어진 것이었습니다. 문설주에 양의 피가 있는 사람이면 누구나 기쁨으로 출애굽할 수 있었습니다. 이처럼 성일에 주의 전에 기쁘게 올라가야 하는 것은 선택된 사람만이 아닌 모든 인간의 의무입니다.

성전에 올라갈 때는 누구와 함께 갑니까? 모든 이들과 함께 가야 합니다. 누구나 성전에 올라갈 자격이 있기 때문입니다. 선장은 배가 떠나기 전에 타야 할 모든 사람이 배에 탔는지 점검합니다. 마찬가지로 우리는 교회에 올 때마다 와야 할 사람이 다 왔는지 확인할 필요가 있습니다. 특히 구역을 맡아 수고하시는 분들은 우리 구역 가족들이 모두 교회에 출석하였는지 항상 점검해야 합니다. 나의 배우자, 우리 자녀, 우리 가족, 내가 전도한 사람, 우리 구역식구, 우리 이웃, 모두가 다 교회에 나와 기쁘게 주님을 섬기는지 확인해 보아야 합니다. 영혼에 대한 관심의 지경, 스펙트럼이 높아지고 넓어져야 합니다.

오래 전 단체 유럽여행 중 식사 후 화장실에 들렀습니다. 다른 이들에게 양보하다 제일 늦게 화장실에 다녀와 보니 버스가 떠나고 없는 것이었습니다. 그 자리에 서서 기다리자 곧 버스가 돌아오는 것이 보였습니다. 그 버스가 다가올 때 저는 오히려 뒤에 숨었습니다. 두고 간 이들에게 골탕 먹이려는 마음이 생긴 것입니다. 사람들은 몹시 당혹해하며 저를 찾았습니다. 그러다 5분쯤 지나 제가 나타났더니 그제야 얼굴색이 돌아왔습니다. 버스에 타야 할 사람을 확인했다면 이런 일이 없었을 것입니다. 마찬가지로 우리가 교회에 타야 할 사람을 확인하는 것은 기본적인 것입니다.

인생에서 동행은 중요한 일입니다. 우리의 인생에는 동행하는 세 친구가 있다고 합니다. 임금이 어떤 사람을 왕궁에 들어오라고 불렀습니다. 이 사람은 혼자 간다는 것이 너무 무서워 세 친구에게 같이 가자고 권했습니다. 세 친구는 동행하기로 했습니다. 그런데 집에서 출발하기도 전에 제일 먼저 무서워 못 가겠다고 떠난 친구가 있습니다. 돈이란 친구입니다. 이 친구는 밑을 수조차 없는 친구입니다. 이제 남은 두 친구와 함께 왕궁을 향해 갑니다. 그런데 멀리 왕궁이 보이자 또 다른 한 친구가 무서워서 도저히 못 가겠다고 하면서 돌아갔습니다. 가족이라는 친구입니다. 나와 오랫동안 동행하지만, 끝까지 함께 가지는 못하는 동행자입니다. 마지막 한 친구는 왕궁에 들어가서 임금 앞에 설 때까지 떠나지 않고 함께 갔습니다. 이 친구가 바로 그리스도입니다. 그리스도께서는 나와 함께 가장 무서운 곳까지 들어가 가장 힘든 과정을 함께 지켜 주십니다. 우리는 교회에 대한 오해를 가지고 있거나 낯설어 하는 사람과 함께 동행하여 평안하게 교회에 들어오게 해 주어야 합니다. 찬송가 가사에는 "어느 누구나 주께 나오라 어서 와서 주의 말씀 들으라"라고 합니다. 모든 사람을 주께로, 모든 이웃을 교회로 인도하는 우리가 되기를 바랍니다.

둘째, 하나님의 집에는 어떻게 들어갑니까?

4절 하반절에는 "기쁨과 감사의 소리를 내며 그들을 하나님의 집으로 인도하였더니"라고 합니다. 하나님의 집에는 기쁨과 감사로 들어갑니다. 사람들을 교회로 인도하려면 우리에게 먼저 기쁨과 감사의 소리가 있어야 합니다. 기쁨과 감사가 다른 사람을 주님께로 인도하는 조건인 것입니다.

좋은 인도자는 기쁨과 감사가 있습니다. '기쁨과 감사의 소리'란 문자적으로 '큰 노래의 소리와 감사함' 입니다. 여행을 하다 보면 가이드가 여행을 마치고 나도 기억에 남을 만한 좋은 여행을 만들어 주는 경우가 많이 있습니다. 알뜰하게 관광지의 정보들을 알려 주려고 애쓰고, 기쁨을 주려고 수고하고, 감사함으로 그 일을 하는 가이드입니다. 이렇게 가이드를 천직으로 알고 하는 사람들이 있는가 하면 그냥 마지못해 하는 사람도 있습니다. 가이드를 천직으로 알고 하는 사람은 돈벌이로 가이드 하는 사람과는 전혀 다른 차원의 소중한 추억을 관광객에게 만들어 줍니다.

이처럼 우리는 사람들을 인도하는 것을 천직으로 알아야 합니다. 교회에 대한 기쁨과 감사가 있어야 좋은 인도자가 될 수 있습니다. 좋은 교회를 만난 기쁨과 감사가 있어야 좋은 안내자가 될 수 있습니다.

시편 100 : 2에는 "기쁨으로 여호와를 섬기며 노래하면서 그의 앞에 나아갈지어다"라고 합니다. 4절에는 "감사함으로 그의 문에 들어가며 찬송함으로 그의 궁정에 들어가서 그에게 감사하며 그의 이름을 송축할지어다"라고 합니다. 하나님의 집에 들어가는 자의 기본자세가 있습니다. 첫째는 기쁨, 둘째는 노래, 셋째는 감사, 그리고 넷째는 찬송입니다. 우리가 교회에 나올 때에 이런 마음이 있어야 다른 사람을 인도할 수 있습니다. 내게 기쁨과 감사가 없이 다른 사람을 인도할 수 있겠습니까? 어림도 없는 이야기입니다. 시편 122 : 1에는 "사람이 내게 말하기를 여호와의 집에 올라가자 할 때에 내가 기뻐하였도다"라고 합니다. 기쁨과 감사로 인도할 때 사람들이 함께 교회로 올라오게 될 것입니다. 또한 우리의 교회를 사랑하는 마음을 가지고 여호와의 집에 올라가자 할 때에 사람들이 기쁨으로 올라오게 될 것입니다.

기쁨과 감사의 전도, 기쁨과 감사의 인도는 다른 사람에게 감동을 주고 자연스러운 끌림을 만듭니다. 내 안에 진정한 기쁨이 있으면 그것이 전달되어 모든 사람들을 주께로 인도하게 되는 것입니다. 제가 아는 어느 권사님은 언제 보아도 열정이 넘치고, 기쁨과 감사가 넘칩니다. 특히 전도함에 있어 열정과 기쁨으로 전도하기에 많은 사람을 교회로 인도하였습니다. 기쁨으로 교회의 좋은 점을 많이 전달하다보니 자연스럽게 교회가 좋은 곳으로 알려지고, 그 때문에 사람들이 교회에 나오게 되는 것입니다.

이제 우리의 관심은 우리 모든 가족들이 연동교회라는 배에 타고 있는지에 맞춰져야 합니다. 혹시 빠진 사람이 없습니까? 모두가 함께 가고 있습니까? 낙오자는 없습니까?

우리 모두가 기쁨과 감사로 교회에 올라옵시다. 교회가 부족하고 모자란 점도 있지만 사랑합시다. 우리 교회는 좋은 교회입니다. 우리는 좋은 성도입니다. 이렇게 교회와 서로를 사랑하며 모두가 함께 하늘나라를 향하여 가는 방주 같은 우리 교회가 되기를 바랍니다.

Application

기쁨과 감사의 전도, 기쁨과 감사의 인도는
다른 사람에게 감동을 주고 자연스럽게 주님께 이끌리게 만듭니다.
우리 모두 우리 안의 기쁨이 전달되어
모든 사람들을 주께로 인도하는 좋은 인도자로 살아갑시다.

- 나는 좋은 인도자입니까? 아니면 오히려 방해자입니까? 자신의 모습을 잘 돌아보며 생각해 봅시다.

- 전도를 함에 있어서 사람의 말과 지혜만을 의지하고 있지는 않습니까? 오직 기쁨과 감사함으로 모든 사람을 주께로 인도하는 좋은 인도자로 세워지도록 기도합시다.

⁹하나님이여 우리가 주의 전 가운데에서 주의 인자하심을 생각하였나이다 ¹⁰하나님이여 주의 이름과 같이 찬송도 땅끝까지 미쳤으며 주의 오른손에는 정의가 충만하였나이다

주의 전에서 인자하심을 생각합니다

『 시편 48 : 9~10 』

Meditation

구약성경에서 '은혜'라는 말을 표현하는 두 가지 단어가 있는데, 첫째는 '헤세드'라는 단어입니다. 이 단어는 하나님의 불변의 사랑을 의미합니다. 다른 한 단어는 '헨'이라는 단어인데, 하나님이 사람에게 혹은 높은 사람이 낮은 사람에게 베푸는 과분한 호의를 의미합니다. 예레미야 31 : 2에는 "여

호와께서 이같이 말씀하시니라 칼에서 벗어난 백성이 광야에서 은혜를 입었나니 곧 내가 이스라엘로 안식을 얻게 하러 갈 때에라"라고 합니다. 이때 은혜라는 말이 '헤세드' 라는 단어입니다.

자비와 은혜 혹은 인자라고 하는 말은 서로 다른 의미를 가집니다. 자비는 불쌍히 여겨 용서하는 마음을 의미하며, 은혜(인자)는 덤으로 베푸는 사랑을 의미합니다. 개역개정성경의 '인자' 라는 말을 이전 개역한글성경은 '은혜' 라고 번역했는데, 이 말이 '헤세드' 입니다. '헤세드'는 '충성', '자비', '진실' 등의 뜻을 사랑의 의미에 결합시킨 하나님의 특별한 언약적 용어인 동시에 하나님께서 그분의 백성을 구속하시고 그들의 삶을 인도하시는 이유와 근거가 되는 용어입니다. 다시 말하면 하나님의 은혜가 있었기에 이스라엘이 구속을 받았고, 그들의 삶을 친히 인도해 가신다는 것입니다.

오늘 본문에는 저자가 성전에 들어와 하나님의 '헤세드'를 생각한다고 합니다. 무엇 때문에 성전에서 하나님의 인자를 생각하겠습니까? 이 말씀은 여호사밧 왕이 암몬, 모압, 에돔 연합군을 격파하고 찬송한 사실을 가리킨다는 가정입니다. 역대하 20 : 28에는 "그들이 비파와 수금과 나팔을 합주하고 예루살렘에 이르러 여호와의 전에 나아가니라"고 합니다. 이 말씀이 성전에서 하나님의 인자를 생각하는 이유라는 것입니다.

우리는 성전에 들어와서 무엇을 생각합니까? 잘못한 것에 대하여 회개하며 하나님께 용서를 빕니다. 하나님은 이 성전에서 우리를 용서하십니다. 하나님은 이렇게 말씀하십니다. "내가 널 잘 안다." 그렇기에 이 성전에 들어올 때마다 하나님의 인자, 긍휼, 자비, 은혜를 생각하지 않을 수 없습니다. 우리가 이 전에 들어올 때마다 하나님의 '헤세드'가 넘쳐나기를 바랍니다. 이 전에서 예배할 때마다 하나님의 인자를 경험하게 되기를 바랍니다.

첫째, 주의 전에서 무엇을 생각하였습니까?

9절에는 "하나님이여 우리가 주의 전 가운데에서 주의 인자하심을 생각하였나이다"라고 합니다. 시편의 기자는 하나님의 전에서 하나님의 인자를 생각합니다. 우리는 하나님의 전에 나올 때마다 누구를 생각합니까? 하나님을 생각합니까? 사람을 생각합니까? 아니면 다른 어떤 물건을 생각합니까? 교회에서 다른 생각들이 우리를 채우고 정작 하나님께서 우리의 생각에서 사라졌다면 우리는 참된 예배자가 아닙니다.

우리가 이 전에서 하나님을 생각한다면 하나님의 무엇을 생각해야 하겠습니까? 우리 모두는 세상에 살면서 죄를 짓고 살아갑니다. 지난 주간에도, 어제도 죄를 지었습니다. 그러한 때에 우리는 하나님의 자비와 인내를 생각해야 합니다. 그리고 하나님의 용서와 사랑을 구해야 합니다. 우리가 그렇게 예배할 때 진정으로 하나님을 대면할 수 있는 것입니다.

오래 전 수도원을 방문했을 때에 수도원의 새벽기도에 매일 참석했던 적이 있습니다. 수도원의 새벽기도회를 '살무스'라고 부르는데, 이는 '시편'이라는 뜻입니다. '살무스' 때마다 제일 먼저 함께 찬송하는 시는 15편으로, 하나님의 구원을 찬양합니다. 그리고 135편으로 창조와 구원을 찬양하고, 그 다음에는 외경 다니엘에서 다니엘의 세 친구가 불 풀무에서 구원받은 것을 찬송합니다. 마지막에는 시편 148, 149, 150편의 할렐루야 시로 찬송합니다. 왜 매일 아침 창조와 구원을 찬양하겠습니까? 하나님의 창조와 구원을 찬양할 때마다 하나님의 인자를 느끼기 때문입니다. 하나님의 인자는 우리가 창조되고 구원받은 이유입니다.

주의 전에서 주의 인자를 생각하며, 하나님의 창조와 구원을 송축하고, 영광과 찬송을 드리는 것이 인생의 목적입니다. 이스라엘 백성은 전쟁에 승리하는 것조차도 하나님의 인자 때문이라고 믿었습니다. 하나님의 인자 때문에 살고, 인자 때문에 주님을 믿게 되고, 인자 때문에 평안하고, 인자 때문에 즐겁고, 인자 때문에 오늘도 행복하고, 인자 때문에 주의 전에 나와 예배하는 것입니다.

피렌체의 현명한 지도자였던 피에로 소데리니는 미켈란젤로라는 젊은 화가에 대하여 볼테라 추기경에게 편지합니다. "미켈란젤로에게 인자하게 대해 주신다면 그 재능으로 보아, 그는 불가능한 일도 해낼 것입니다. 친절과 애정을 가지고 너그러이 대해 주십시오. 그러면 그는 세상을 깜짝 놀라게 만들 업적을 이룰 것입니다." 이 편지로 인해 미켈란젤로는 피렌체에 머무는 동안에 볼테라 추기경의 친절과 애정을 받게 됩니다. 놀라운 것은 미켈란젤로가 다비드 상과 수많은 걸작을 만들어 낸 것도 바로 이 피렌체에 있을 때였다는 것입니다. 사람의 인자를 얻는 것도 이렇게 중요한데, 하물며 하나님의 인자는 어떠하겠습니까?

하나님의 인자하심으로 우리는 모든 일을 할 수 있습니다. 안개 같은 인생이지만 주의 인자하심으로 말미암아 모든 주의 일을 감당합니다. 야고보서 4 : 15에는 "주의 뜻이면 우리가 살기도 하고 이것이나 저것을 하리라 할 것이거늘"이라고 합니다. 주의 인자로 말미암아 우리 인생은 엄청난 일도 할 수 있게 되는 것입니다.

복음성가의 가사에 이런 말씀이 있습니다. "주의 인자는 끝이 없고 주의 자비는 무궁하며, 아침마다 새롭고 늘 새로우니 주의 성실이 큼이라 성실하신 주님" 끝이 없는 인자와 무궁한 자비를 이 전에서 찬양하고 높이는 우리가 됩시다.

둘째, 주의 전에서 전파되는 것이 무엇입니까?

10절에는 "하나님이여 주의 이름과 같이 찬송도 땅끝까지 미쳤으며 주의 오른손에는 정의가 충만하였나이다"라고 합니다. 주의 전에서 전파되는 것은 찬송과 정의입니다. 하나님의 인자 때문에 찬송이 땅끝까지 전파되고 주의 오른손의 정의가 충만해지는 것입니다.

하나님께 찬송이 '땅끝까지 미쳤으며'라고 합니다. 하나님은 찬양받으실 만하다는 것입니다. 하나님은 땅끝까지 찬양을 받으실 자격이 있으시며 그렇게 찬양받으시기에 합당하신 분입니다. 이것을 인정하는 것이 시인의 고백입니다. 수도원의 새벽예배는 마지막에 항상 할렐루야 시를 부릅니다. 할렐루야 시는 그 자체가 찬송입니다. 우리도 예배를 통하여 하나님께 찬양을 드립니다. 하나님은 '찬양받기에 합당하신 주님'이십니다. 우리의 예배에서 하나님께 대한 찬양이 끊이지 않기를 바랍니다. 그리고 그 찬양을 받기에 합당하신 하나님을 인정하기를 바랍니다.

오래전 목사님들과 유럽 종교개혁지를 탐사할 때의 일입니다. 우리 일행은 주위 경관과 산이 너무 아름다워 "주 하나님 지으신 모든 세계"를 찬송하기 시작하였습니다. 그때 옆에 있던 스웨덴 관광객들이 주님의 높고 위대하심을 함께 찬양하기 시작했습니다. 한국어와 스웨덴어가 어우러진 정말 아름다운 찬양이 되었습니다. 찬양은 아름다운 것이고, 하나님이 가장 기뻐하시는 것입니다.

우리 교회에 들어왔을 때 주님의 구원의 은혜와 베푸신 사랑이 눈에 보일 만큼 넘쳐나기를 바랍니다. 이런 하나님의 은혜와 사랑이 우리 몸에 와 닿기를 바랍니다. 하나님의 그 크신 사랑이 우리 손에 잡히기를 바랍니다. 찬송 소리가 우렁찬 교회가 되어 찬송이 교회에서 땅끝까지 울려 퍼지는 교회가 되기를 바랍니다. 찬송의 은혜가 있는 교회가 되기를 바랍니다.

우리 교회에 주의 인자에 대한 찬송이 울려 퍼지고, 인자의 감격과 찬송이 살아 있는 교회가 되기를 바랍니다. 그래서 찬송을 통하여 은혜 받으시고, 찬송을 통하여 하나님께 큰 영광을 올리기를 바랍니다.

Application

교회에서 주의 인자에 대한 감격이 넘쳐나고,
그에 대한 우리의 찬송이
언제나 울려 퍼지기를 바랍니다.

° 성전에서 예배할 때 우리의 생각에서 하나님이 사라졌다면 우리는 참된 예배자가 아닙니다.
나는 주의 전에서 하나님을 생각하는지, 혹시 다른 사람이나 세상 일만을 생각하지 않는지 묵상해 봅시다.

° 주의 인자하심 외에 다른 것을 의지하고 살고 있지는 않습니까?
자신의 모습을 점검해 봅시다.

⁶의인이 보고 두려워하며 또 그를 비웃어 말하기를 ⁷이 사람은 하나님을 자기 힘으로 삼지 아니하고 오직 자기 재물의 풍부함을 의지하며 자기의 악으로 스스로 든든하게 하던 자라 하리로다 ⁸그러나 나는 하나님의 집에 있는 푸른 감람나무 같음이여 하나님의 인자하심을 영원히 의지하리로다

나는 하나님의 집의 푸른 감람나무 같습니다

『 시편 52 : 6~8 』

Meditation

성경에 있는 '감람'은 '올리브'입니다. 현대에 올리브는 최고의 식품 중의 하나입니다. 어느 기관에서 발표한 세계5대 건강식품이 있는데 그중에 하나가 스페인산 올리브기름이라고 할 만큼 가치 있는 식품입니다. 그래서 성경시대뿐만 아니라 지금도 성지에서는 올리브의 소용 가치가 아주 큽니다.

성경에는 올리브나무가 많이 나오는데, 처음 등장한 것은 노아홍수 때입니다. 창세기 8 : 11에 홍수 후에 물이 빠졌는지 알기 위하여 방주에서 비둘기를 내보냈을 때에 올리브나무의 잎을 물고 왔다는 내용이 나옵니다. 또한 올리브의 풍성한 열매는 50%가 기름이어서 왕과 제사장에게 기름을 부을 때 올리브기름을 사용하였습니다. 뿐만 아니라 올리브기름은 등잔불, 연료, 상처 치료약으로도 쓰입니다.

무엇보다 올리브나무는 가나안의 빠질 수 없는 상징이었습니다. 가나안 땅이 얼마나 좋은 땅인지 성경은 이렇게 기록합니다. 신명기 8 : 8에는 "밀과 보리의 소산지요 포도와 무화과와 석류와 감람나무와 꿀의 소산지라"고 합니다. 가나안 땅은 감람나무의 소산지일 만큼 젖과 꿀이 흐르는 땅이었습니다. 그래서 이 땅이 하나님께서 아브라함에게 약속하시고 이스라엘 백성들에게 주시는 축복의 상징으로 기록되어 있는 것입니다.

시편 128 : 3에는 "네 집 안방에 있는 네 아내는 결실한 포도나무 같으며 네 식탁에 둘러앉은 자식들은 어린 감람나무 같으리로다"라고 합니다. 베어진 그루터기에서 새로운 싹이 나듯 신선하고 활력이 있고 건강한 모습의 가정을 이렇게 표현한 것입니다. 하나님의 집의 푸른 감람나무는 하나님의 복의 상징입니다. 이런 교회를 지향하며 말씀을 묵상할 수 있기를 바랍니다.

첫째, 하나님을 자기 힘으로 삼지 않는 자는 어떤 자입니까?

7절에는 "이 사람은 하나님을 자기 힘으로 삼지 아니하고 오직 자기 재물의 풍부함을 의지하며 자기의 악으로 스스로 든든하게 하던 자라 하리로다"라고 합니다. 하나님을 자기 힘으로 삼지 않는다는 것은 자기 재물을 의지하고, 자기 악으로 든든하게 살려고 하는 자입니다. 이렇게 사는 것이 얼마나 어리석은 일입니까?

성경에는 '어리석은 부자'의 비유, '부자와 나사로'의 비유가 있습니다. 왜 성경은 한결같이 부자가 어리석다고 설정합니까? 성경이 가르치는 부자는 자기에 대하여 부요한 자여서 언제나 재물을 의지하고 가난한 이웃을 보살피지 않기 때문입니다. 그래서 예레미야 9 : 23에는 "여호와께서 이와 같이 말씀하시되 지혜로운 자는 그의 지혜를 자랑하지 말라 용사는 그의 용맹을 자랑하지 말라 부자는 그의 부함을 자랑하지 말라"고 합니다.

　　예수님은 의에 주리고 목마른 자가 복이 있다고 하셨습니다. 그런데 하나님을 알지 못하는 세상의 사람은 악에 주리고 목마른 자들입니다. 스스로 악을 찾아 헤매입니다. 자신도 모르게 하는 일이 모두 악합니다. 그래서 우리 시대는 악의 질이 점점 깊어져 가고 있고 상상할 수 없는 악한 일들이 끊이지 않고 일어나고 있습니다.

　　마태복음 12 : 35에는 "선한 사람은 그 쌓은 선에서 선한 것을 내고 악한 사람은 그 쌓은 악에서 악한 것을 내느니라"라고 합니다. 악한 사람이 점점 악해지는 까닭은 악을 쌓아 가기 때문입니다. 그러나 결국 악인은 바람에 나는 겨와 같습니다. 심판을 견디지 못하고 의인의 모임에 들지 못합니다. 결론은 무엇입니까? 악인의 길은 망합니다. 하나님의 집에서 멀리 사는 자, 곧 자기 악으로 사는 자가 이렇게 어리석은 것입니다.

둘째, 하나님의 집에 있는 사람은 어떤 사람입니까?

　　8절에는 "그러나 나는 하나님의 집에 있는 푸른 감람나무 같음이여 하나님의 인자하심을 영원히 의지하리로다"라고 합니다. '하나님의 집'은 신성한 곳이며, 성전 지대를 말합니다. 하나님의 집에 있는 사람, 하나님과 등지지 않고 마주하고 사는 사람은 푸른 감람나무 같습니다. '푸른 감람나무'란 황무한 지역에서도 잘 자라서 시련 중에도 낙심하지 않고 굳건히 자리를 지키는 하나님의 백성을 가리킵니다. 다시 말해 푸른 감람나무 같은 사람이란 어떤 상황에서도 시들지 않고, 생기가 풍성하고, 젊음이 있고, 활력이 넘치는 모습으로 사는 사람입니다.

　이 말씀은 당시 다윗의 영적 고백이기도 합니다. 이 당시 다윗은 사울에게 쫓겨 다니며 먹을 음식을 해결하기에 급급했던 상황입니다. '하나님의 집'인 성소에도 출입이 불가능합니다. 극심한 육신적 고통과 정신적 압박이 사라질 날이 없었을 것입니다. 그러나 다윗은 이러한 상황에서도 하나님과 교제하며 하나님의 보호를 받습니다. 결국 푸른 감람나무와 같이 영적 부요와 영적 활기를 잃지 않았던 다윗은 하나님께 감사의 찬양을 드리게 된 것입니다.

　시편 92 : 14에는 "그는 늙어도 여전히 결실하며 진액이 풍족하고 빛이 청청하니"라고 합니다. 여호와의 집에 심긴 사람의 모습이 이렇습니다. 하나님의 집에 있는 사람들은 육적으로 늙어 가도 영적으로는 젊은 사람입니다. 하나님의 집에서는 늙어도 결실합니다. 젊어서 예쁜 건 누구나 다 마찬가지입니다. 하지만 사람은 나이가 든 후 진정한 아름다움을 발견하게 됩니다. 우리 주위에 보면 예수님을 잘 믿고 곱게 늙으신 분들이 얼마나 많은지 모릅니다. 우리 교회에도 연세 드신 어르신들이 모여 계시는 것을 보면 참 아름답다는 것을 느낍니다. 푸른 감람나무같이 교회에 심겨진 분들이기 때문입니다.

　고린도후서 6 : 10에는 "근심하는 자 같으나 항상 기뻐하고 가난한 자 같으나 많은 사람을 부요하게 하고 아무것도 없는 자 같으나 모든 것을 가진 자로다"라고 합니다. 이 말은 대단한 신앙의 능력입니다. 믿음의 사람, 즉 푸른 감람나무와 같은 사람이야말로 이런 모습을 가지는 것입니다.

　사울 왕은 부를 가지고 있었고, 외모도 출중하였으며, 건강하였고, 체격도 뛰어났습니다. 그러나 다윗은 그렇게 출중한 외모가 아니었습니다. 성경에 보면 예수님도 고운 모양이 없었고, 30대 청년이었지만 사람들이 예수님께 "나이가 50도 못 되었는데"라고 할 만큼 늙어 보였습니다. 구전에 의하면 바울은 아주 못 생기고 인간적으로 볼 때 매력이 없는 사람이었다고 합니다. 그러나 이런 외모가 중요한 것이 아닙니다. 하나님은 내면이 푸른 감람나무와 같은 사람을 사용하시기 때문입니다.

아도니스라는 그리스 신화에 나오는 미소년이 있습니다. 아도니스는 콤플렉스가 있었습니다. 자신의 신체에 불만을 가진 것입니다. 요즘에는 이런 아도니스 증후군이 사회에 만연합니다. 남성 외모 집착증이란 사회적 신드롬입니다. 외모는 가꾸려고 하지만 내면에는 관심이 없는 사람들이 점점 늘어 갑니다. 이런 시대일수록 신앙인들에게는 푸른 감람나무와 같이 내면에서 우러나는 풍성함을 사모하고 가꾸어 나가려는 노력이 필요한 것입니다.

태어날 때부터 두 팔과 한쪽 다리가 없는 장애를 가지고도 천상의 목소리로 하나님을 찬양하는 레나 마리아라는 여인이 있습니다. 내면이 아름다운 이 여인을 볼 때마다 푸른 감람나무가 떠오르면서 얼마나 아름다운지 모릅니다.

석창우 화백의 원래 직업은 전기기술자였다고 합니다. 하지만 고압선에 감전되는 사고로 두 팔을 잃고 말았습니다. 두 팔을 잃었지만 그는 좌절하거나 포기하지 않았습니다. 그는 하나님 안에서 자신감 있게 자신의 길을 걸어 나갔고, 결국 우리나라에서 수묵크로키의 영역을 개척한 뛰어난 화백이 되었습니다. 이들은 모두 하나님 안에서 아름답고 풍성한 내면을 가진 푸른 감람나무와 같은 사람이라고 할 수 있습니다.

우리는 자신의 부와 지식과 힘으로 살지 않고, 하나님의 집에서 푸른 감람나무처럼 사는 하나님의 사람이 되어야 합니다. 자기의 재물이나, 힘이나, 지식이나, 인생에 의지하는 어리석음을 범하지 말고 하나님을 의지하는 푸른 감람나무로 사는 그리스도인이 되기를 바랍니다.

Application

자기의 재물이나, 힘이나, 지식이나,
인생에 의지하는 어리석음을 범하지 말고
하나님을 의지하는 푸른 감람나무로 사는
그리스도인이 되기를 바랍니다.

° 당신은 하나님만을 당신의 힘이라고 고백하고 있습니까?
　내가 하나님 외에 다른 것을 힘으로 삼고 있지는 않은지 생각해 봅시다.

° 푸른 감람나무처럼 황무하고 척박한 환경에서 낙심치 않고 굳건하게 믿음을 지키고 있습니까?
　내 영혼이 감람나무와 같은 모습으로 세워지도록 기도합시다.

¹²나를 책망하는 자는 원수가 아니라 원수일진대 내가 참았으리라 나를 대하여 자기를 높이는 자는 나를 미워하는 자가 아니라 미워하는 자일진대 내가 그를 피하여 숨었으리라 ¹³그는 곧 너로다 나의 동료, 나의 친구요 나의 가까운 친우로다 ¹⁴우리가 같이 재미있게 의논하며 무리와 함께하여 하나님의 집 안에서 다녔도다 ¹⁵사망이 갑자기 그들에게 임하여 산 채로 스올에 내려갈지어다 이는 악독이 그들의 처처에 있고 그들 가운데에 있음이로다 ¹⁶나는 하나님께 부르짖으리니 여호와께서 나를 구원하시리로다

원수가 하나님의 집에 함께 있습니다

『 시편 55 : 12~16 』

Meditation

어느 사람이 항상 원수에 대하여 좋은 말만 하는 링컨 대통령을 못마땅하게 생각하여 항의하였습니다. "원수는 없애 버려야 하지 않습니까?" 그에게 링컨은 웃으면서 이렇게 말했습니다. "옳습니다. 없애야 하고 말고요. 저도 그렇게 생각합니다. 그래서 저는 원수를 친구로 만들어 원수를 없애 버립

니다." 적을 내 편으로 만드는 것이 최고의 리더십입니다. 예수님은 "원수를 사랑하라."고 하셨습니다. 우리가 원수를 사랑하는 순간 이미 원수는 원수가 아닌 것입니다.

해리 크라우스의 「비밀은 몸에 있다」라는 책에는 이런 재미있는 말이 있습니다. "원수를 사랑할 수 있는 법 : 첫째, 당신과 당신 원수 모두가 사람이라는 것을 이해하라. 둘째, 원수를 바라볼 때 하나님의 눈을 통해 바라보라. 셋째, 영적 전투를 이해하라. 우리에게는 진짜 적이 있다. 원수는 우리가 싸울 적이 아니다." 원수를 사랑하는 법을 배우고 원수의 실체를 바르게 이해할 때 원수를 사랑할 수 있습니다.

원한은 감정의 마약이자 사냥꾼을 덮치는 덫입니다. 미움은 주인을 공격하는 미친개입니다. 복수는 방화한 사람을 삼키는 사나운 불입니다. 이것들은 모두 우리가 잘 다스리지 못할 때 우리 스스로를 파멸시킨다는 공통점이 있습니다. 그렇기에 원수를 대할 때 드러나는 이런 감정을 잘 다스리는 것은 매우 중요합니다. 오늘 본문의 다윗을 통하여 하나님 안에서 원수를 대하는 법을 배우기를 바랍니다.

첫째, 원수가 아니지만 가장 괴롭게 한 자는 누구입니까?

13절에는 "그는 곧 너로다 나의 동료, 나의 친구요 나의 가까운 친우로다"라고 합니다. 동료, 친구, 친우라고 할 만큼 가장 가까운 사람이 나를 괴롭힌다고 합니다. 적은 결코 멀리 있지 않습니다. 중국의 왕양명은 "가장 큰 적은 마음의 적"이라고 하였습니다. 항상 적은 가장 가까이 있습니다.

12절에 '원수가 아니라'고 한 말은 원수가 아닌 것 같았던 사람이 원수가 되었다는 말입니다. 압살롬은 다윗의 아들입니다. 그런데 압살롬이 다윗을 배반하여 죽이고 자신이 왕이 되려고 하였습니다. 또 압살롬을 도와 모반한 아히도벨은 원래 다윗에게 훌륭한 조언자였습니다(삼하 15 : 12). 한때 다윗의 말이라면 거의 하나님 뜻으로 받아들일 정도였습니다. 그러던 아히도벨이 다윗을 반역한 것입니다.

"하나님의 집안에서 다녔도다"라는 것은 공개적으로 성전에 함께 들어가고 접촉하며 함께 친교를 가졌다는 것을 의미합니다. 다윗은 하나님께 제사드릴 때에도 아히도벨과 동행할 만큼 그와 가까웠습니다. 다윗은 아히도벨에게 "그가 곧 너로다."라고 합니다. 아히도벨은 다윗의 절친한 친구였지만 배신자가 된 것입니다.

배은망덕은 가장 큰 죄악입니다. 시저는 자신이 믿던 신하 브루터스의 칼을 받으면서 "너마저?"라고 하였다고 합니다. 브루터스는 자신이 섬기던 시저를 살해한 역사적 사건을 통하여 가장 배은망덕한 자로 불리고 있습니다. 또한 가룟 유다 역시 자신이 따르던 예수를 팔아넘긴 희대의 배반자로 불리웁니다. 그래서 단테는 「신곡」에서 지옥의 가장 밑바닥인 제9옥에 두 사람을 두었는데, 첫째는 가룟 유다이고, 둘째는 브루터스입니다. 이들은 스승을 배반한 배반자입니다. 자신이 섬기던 윗사람에게 배반의 칼을 뽑아 든 배은망덕의 대명사입니다. 아히도벨도 그러한 자들 중의 하나였습니다.

셰익스피어는 "배반자는 겨울의 삭풍보다 더 차다."라고 하였습니다. 은혜에 대한 배반이 얼마나 큰 죄인가를 말해 줍니다. 시편 103 : 2에는 "내 영혼아 여호와를 송축하며 그의 모든 은택을 잊지 말지어다"라고 합니다. 우리는 절대 은혜를 잊는 잘못을 범하지 말아야 할 것입니다.

둘째, 하나님의 집에 함께 다닌 자들을 어떻게 해 달라고 하였습니까?

15절에는 "사망이 갑자기 그들에게 임하여 산 채로 스올에 내려갈지어다 이는 악독이 그들의 처소에 있고 그들 가운데에 있음이로다"라고 합니다. 하나님의 집에 함께 다니던 아히도벨과 같은 자가 산 채로 스올에 내려가게 해 달라고 합니다. 다윗은 자신을 배반한 배은망덕한 사람들이 산 채로 죽게 기도하고 있는 것입니다. 다윗의 이런 기도가 이상하게 보일 수도 있지만, 이는 오히려 참으로 인간적인 기도입니다. 얼마나 억울했으면 이런 기도를 다 하겠습니까?

"산 채로 스올에 내려갈지어다"라고 하는 말은 아히도벨만이 아니라 그와 힘을 합하여 다윗을 대적했던 모든 자들을 저주하는 말입니다. 다윗은 이스라엘 백성들이 출애굽하여 광야를 지날 때에 하나님의 초자연적인 징벌로 땅속에 빠져 들어가 파묻혀 버렸던 고라 일당의 사건을 염두에 두고 있는 듯합니다. 민수기 16 : 30과 33절에 보면 고라는 하나님께서 세우신 모세에게 반역하려다 땅이 입을 열어 그를 포함한 그의 모든 일족과 그의 모든 소유물을 삼켜 산 채로 스올에 들어가는 심판을 받았습니다. 이것이 하나님을 배반하려는 자의 최후입니다.

마찬가지로 사무엘하 17 : 23에 보면 아히도벨도 다윗을 살해하려는 계략이 실패하자 목을 매 자살을 합니다. 또한 사무엘하 18 : 14~15에 보면 압살롬은 평소 자신이 자랑하던 머리카락이 상수리나무에 걸려 요압 장군에게 창 셋으로 심장을 찔리고, 요압의 부하 10명이 에워싸서 쳐 죽임을 당하는 처참한 최후를 맞습니다. 다윗을 반역하고 하나님의 뜻을 거슬러 싸우는 사람들이 마지막에 하나님의 저주를 받아 죽게 되는 것을 보여 주고 있는 것입니다.

아일랜드 출신의 작가 휴 레오나드는 "우리는 말다툼을 하지도, 싸우지도, 소란을 피우지도 않는다. 그 대신 우리는 원한을 쌓고 있다."라고 하였습니다. 어떤 사람에게 원한을 쌓으면 결국 그 사람을 죽이게 됩니다. 말과 생각으로 그 사람의 인격을 죽이고 영혼을 죽이는 것입니다.

30년 가까이 억울한 옥살이를 한 남아공화국의 넬슨 만델라 전 대통령은 다음과 같은 질문을 받았습니다. "어떻게 억압한 사람들에게 원한을 갖지 않을 수 있습니까?" 그는 그때 이렇게 대답하였습니다. "할 일이 너무 많기 때문에 원한을 가질 시간이 없습니다." 용서가 무엇인지 아는 사람의 소리입니다.

나와 함께 예배하고 섬기던 자가 얼마든지 나를 배반하고 나에게 섭섭하게 할 수 있습니다. 그럴 때 그 사람에게 어떻게 해야 합니까? 내 힘으로 직접 원수를 갚으려고 하겠습니까? 원수가 우리에게 들이닥칠 때 원수의 공격에서 헤어날 수 있는 방법이 보이지 않을 때가 있습니다. 암담한 상황이 계속 이어지고 죽음의 그림자가 코앞에 있는 것같이 느껴지게 됩니다. 그러한 상황에서 우리는 배반에 대한 분노가 머리끝까지 차오르고 원수를 갚겠다는 생각밖에 나지 않게 됩니다.

하지만 그러한 때에 오늘 말씀의 다윗을 기억하며 우리는 마음을 가다듬고 하나님께 기도하겠다는 의지를 분명히 해야 합니다. 다윗은 "나는 여호와께 부르짖으리니 여호와께서 나를 구원하시리로다"라고 합니다. "여호와께서 나를 구원하시리로다"라는 확신의 기도는 응답받는 기도입니다.

여러분을 배반하여 원수가 되고, 여러분을 궁지에 몰아넣고, 여러분을 따돌린 모든 이를 여러분이 직접 상대하고 처치하렵니까? 아닙니다. 하나님께 기도하면 하나님께서 알아서 하십니다. 우리가 억울한 일에 처할 때마다 이 기도를 드리고 "하나님이 나를 구원하신다."라는 분명한 믿음을 가지고 사는 그리스도인들이 되기를 바랍니다.

Application

여러분을 배반하여 원수가 되고, 여러분을 궁지에 몰아넣고,
여러분을 따돌린 모든 이를 여러분이 직접 상대하고 처치하렵니까?
아닙니다.
하나님께 기도하면 하나님께서 알아서 하십니다.

○ 가장 믿었던, 또는 가장 가까웠던 사람에게 상처를 받았던 경험을 생각해 봅시다.

○ 원수와 같은 사람들을 향해 악한 마음을 품기보다는 하나님께 맡겨 드립시다. 원수처럼 나를 힘들게 하는 이들을 떠올리고 그들을 하나님께 맡겨 드리는 기도를 드립시다.

°주께서 택하시고 가까이 오게 하사 주의 뜰에 살게 하신 사람은 복이 있나이다 우리가 주의 리니 °예루살렘에 있는 주의 전을 위하여 왕들이 주께 예물을 드리리이다 °주의 집을 내가 깨달았나이다 °그의 성소를 산의 높음같이, 영원히 두신 땅같이 지으셨도다

°3주

Church of the Psalms

의 성전의 아름다움으로 만족하리이다 °내가 번제물을 가지고 주의 집에 들어가서 나의 서원을 주께 갚으 열성이 나를 삼키고 주를 비방하는 비방이 내게 미쳤나이다 °하나님의 성소에 들어갈 때에야 그들의 종말

¹하나님이여 찬송이 시온에서 주를 기다리오며 사람이 서원을 주께 이행하리이다 ²기도를 들으시는 주여 모든 육체가 주께 나아오리이다 ³죄악이 나를 이겼사오니 우리의 허물을 주께서 사하시리이다 ⁴주께서 택하시고 가까이 오게 하사 주의 뜰에 살게 하신 사람은 복이 있나이다 우리가 주의 집 곧 주의 성전의 아름다움으로 만족하리이다

주의 뜰에 살게 하신 자가 복이 있습니다

『 시편 65 : 1~4 』

Meditation

한국인에게 마당은 중요한 의미를 가지고 있습니다. 지인을 많이 가진 사람을 마당발이라고 합니다. 옛날 사대부의 집에서 일하던 남종을 마당쇠라고 합니다. 우리 전통 악극 가운데에는 마당극이 있습니다. 전통적으로 마당이란 단순한 뜰 이상의 공동체적 의미를 가지고 있습니다.

우리에게 존경하는 사람의 집 마당을 쓰는 일만 해도 영광이 될 수 있습니다. 아주 오래 전에는 청와대 마당을 한 번 밟아도 영광이라 표현하며 지체가 높은 사람의 집에 가서 마당에 잠시 머물기만 해도 기쁨임을 말했습니다. 하물며 하나님의 뜰에 사는 것은 얼마나 영광스럽고 기쁜 일이겠습니까?

옛 성전에는 이방인의 뜰, 여인의 뜰, 이스라엘의 뜰, 제사장의 뜰이 있었습니다. 이 뜰을 다 지나면 성소가 있었고, 가장 안쪽에 지성소가 있었습니다. 지성소는 대제사장만 들어갈 수 있는 곳이었습니다. 이중 이방인의 뜰을 두고 요한계시록 11 : 2에서는 "성전 바깥마당은 측량하지 말고 그냥 두라 이것은 이방인에게 주었은즉 그들이 거룩한 성을 마흔두 달 동안 짓밟으리라"라고 합니다. 성경에 보면 성전에서 돈을 바꾸고 각종 장사를 했다고 기록하고 있는데, 여기가 바로 이방인의 뜰입니다. 그러나 하나님께서는 이러한 이방인의 뜰에도 축복을 주셨습니다. 우리에게도 이 축복이 있기를 바랍니다. 하나님의 축복을 기다리기에 앞서 우리는 우리 하나님 전의 뜰을 깨끗하게 보존할 필요가 있습니다. 주의 뜰을 소중하게 생각하는 것은 주님의 전을, 주님을 소중하게 생각한다는 의미입니다.

1절의 "찬송이 시온에서 주를 기다리오며"라는 말은 시온에서 주를 위한 찬송이 끊이지 않는다는 말입니다. 언제든지 주님을 찬송할 준비가 되어 있다는 말입니다. 찬송이 삶으로 변화된 시편 기자의 모습을 우리가 닮기를 바랍니다. 오늘도 주의 뜰을 밟고 이 전에 오신 여러분, 여러분의 발이 복 되기를 바랍니다. 이 예배당 안에 앉아 계시는 것은 주의 성소에 들어온 것입니다. 이 성소에서 하나님께 대한 찬양이, 우리에 대한 하나님의 용서의 은총이 함께하기를 바랍니다.

첫째, 주의 뜰에 살게 하신 복 있는 사람은 어떤 사람입니까?

4절 상반절에는 "주께서 택하시고 가까이 오게 하사 주의 뜰에 살게 하신 사람은 복이 있나이다"라고 합니다. "주께서 택하시고 가까이 오게 하신 사람들"을 하나님은 그분의 곁에 두시려고 주의 뜰에 살게 하십니다. 택하심이란 하나님의 주권적 행위에 의해 백성이 되게 하심을 의미합니다. 가까이 오게 하심은 하나님께 제사하게 하시려고 성소에 나아가게 하심을 말합니다.

죄를 지은 사람은 거룩하신 하나님께 나아갈 수 없습니다. 출애굽기 19 : 24에는 모세와 아론은 성소에 들어오게 하고 제사장들과 백성들은 경계를 넘어 여호와께 올라오지 못하게 하신 하나님의 말씀이 나옵니다. 성소에 들어가는 자는 엄격하게 제한되어 선택된 자만이 하나님께 나아갈 수 있었습니다. 선택되어 하나님의 전에 들어가는 것이 얼마나 큰 축복인지 모릅니다. 에베소서 3 : 12에는 믿음으로 말미암아 담대함과 확신을 가지고 하나님께 나아가게 되었다고 합니다.

조선시대에는 '당상관' 이라는 관직이 있었습니다. 조선시대에 조의(朝議)를 행할 때 당상(堂上)에 있는 교의(交椅)에 앉을 수 있는 관계(官階), 또는 그 관원을 '당상관' 이라 합니다. 동반은 정3품의 통정대부(通政大夫) 이상, 서반은 절충장군(折衝將軍) 이상이 '당상관' 입니다. 그 외 직급의 관원은 아래에 앉는다고 하여 '당하관' 이라 불렸습니다. 당상관과 당하관은 엄청난 차이를 가졌습니다.

이러한 차이와 같이 하나님의 성전에 들어갈 수 있는 자격을 우리가 얻었습니다. 이 자격은 하나님을 가까이하는 자에게 주어집니다. 새벽기도회가 끝나고 개인기도 시간에 장로님들이 강단 아래에서 무릎을 꿇어 기도하고 있는 모습을 보면 얼마나 아름다운지 모릅니다. 앉아서 기도해도 되는데 강단 아래에서 무릎을 꿇어 기도하는 하는 것은 마음의 간절함을 표현한 것입니다. 하나님을 가까이하는 영혼의 자세입니다.

'살게 하신' 이란 말은 하나님과의 밀접한 교제와 관계에 들어감을 뜻합니다. 도저히 감당할 수 없는 은혜를 표현한 말입니다. 주의 뜰을 밟고 주의 뜰을 쓸며 주의 뜰에 다닐 수 있는 것만 해도 영광이고, 살게 하신 것만으로도 무한한 영광이 됩니다.

둘째, 주의 뜰에 살게 하신 사람은 무엇으로 만족합니까?

4절 하반절에는 "우리가 주의 집 곧 주의 성전의 아름다움으로 만족하리이다"라고 합니다. 주의 뜰에 살게 하신 사람은 성전의 아름다움 때문에 만족하며 살아갑니다. 성전의 아름다움을 늘 보고 살아갑니다.

'아름다움'이란 말은 히브리어로 '투브'인데, 하나님과의 교제를 통하여 얻는 영혼 깊은 곳에서 우러나는 기쁨을 말합니다. 하나님의 사람인 주의 뜰을 사랑하는 사람에게는 세상의 재물이나, 권세나, 명예가 아니라 하나님의 전의 아름다움이 참된 만족의 근거가 됩니다. 하나님과 교제하는 것, 주의 뜰에 사는 것만 하더라도 하나님의 백성에게는 은총입니다. 이것 때문에 만족하고, 즐겁고, 기쁨이 있을 수 있습니다.

하나님의 성전을 사랑하는 자는 그 아름다움을 다른 집과 비교할 수 없습니다. 자기 집보다 하나님의 집이 좋은 것으로 만족하고 기뻐합니다. 우리 교회가 얼마나 아름답습니까? 우리 교회는 어떤 집보다 아름답습니다. 우리 교회가 최고입니다. 왜 그렇게 생각합니까? 교회를 사랑하면 그렇게 생각하게 됩니다.

어느 장로님의 이야기입니다. 그분은 교회를 건축할 때 자신의 집을 팔아 교회에 건축헌금을 했습니다. 그 장로님은 지금 다시 사업이 번창하여 얼마나 많은 복을 받았는지 모릅니다.

하나님을 사랑하고, 하나님과 관계회복을 하면 주의 전이 아름답게 보이게 됩니다. 탕자가 집으로 돌아옵니다. 이전에 살던 집이지만 그 집이 얼마나 새롭고, 얼마나 좋고, 얼마나 사랑스럽고, 얼마나 아름다웠겠습니까? 아버지와의 관계 회복이 더 이상 도망치고 싶은 지겨운 집이 아니라 오랫동안 머물고 싶은 아름다운 집이 되게 하였습니다.

하나님의 집을 아름답게 해야 할 책임이 우리 모두에게 있습니다. 교회를 비싸게 꾸미는 것이 아니라 깨끗하게 해야 하고 아름답고, 거룩하고, 편리하게 해야 하는 것이 하나님의 전을 사랑하는 사람의 책임입니다. 우리 모두는 하나님께서 선택하셔서 가까이 오게 한 사람들입니다. 하나님 곁에 사는 그 책임을 잘 감당해야 합니다. 가장 아름다운 사람이 누구입니까? 내가 사랑하는 사람입니다. 주의 전을 사랑하면 주의 전이 아름다워집니다.

솔로몬은 성전을 건축하며 6년 6개월의 시간을 보냈습니다. 성전건축에 참여한 일꾼이 18만 3,300명입니다. 성전건축의 주재료는 돌입니다. 열왕기상 6 : 7에는 "이 성전은 건축할 때에 돌을 그 뜨는 곳에서 다듬고 가져다가 건축하였으므로 건축하는 동안에 성전 속에서는 방망이나 도끼나 모든 철 연장 소리가 들리지 아니하였으며"라고 합니다. 왜 성전을 건축하는 자리에서 소리를 제한하였습니까?

성전에서는 하나님의 소리, 거룩한 소리, 평화의 소리, 아름다운 소리만 내라고 하셨습니다. 아름다운 성전이기 때문에 아름다운 소리만 나야 합니다. 우리는 하나님께서 가까이 두신 하나님과 가까운 사람들, 하나님의 사랑을 받는 사람들입니다. 하나님께서 영광을 받으시려고 지으신 사람들입니다. 우리 교회가 항상 아름다운 소리만 들리는 아름다운 교회가 되기를 바랍니다. 우리 교회가 시끄러운 소리, 남을 험담하는 소리, 다투는 소리가 나지 않고 하나님을 찬양하는 소리, 기쁨의 웃음소리, 칭찬하는 소리가 나는 좋은 교회가 되기를 바랍니다.

Application

항상 아름다운 소리만 들리는
아름다운 교회가 되기를 바랍니다.

° 주님께서 나를 택하셨기에 내가 주의 뜰에 나아갈 수 있게 되었습니다.
이런 주님의 은혜를 잊고 살 때가 있지 않은지 내 모습을 돌아봅시다.

° 하나님과의 깊은 교제 속에서 얻는 영혼의 참 기쁨은 성전을 사랑하는 마음으로 이어집니다.
영혼의 참 기쁨이 언제나 내 안에서 넘쳐나기를 기도합시다.

¹⁰하나님이여 주께서 우리를 시험하시되 우리를 단련하시기를 은을 단련함같이 하셨으며 ¹¹우리를 끌어 그물에 걸리게 하시며 어려운 짐을 우리 허리에 매어 두셨으며 ¹²사람들이 우리 머리를 타고 가게 하셨나이다 우리가 불과 물을 통과하였더니 주께서 우리를 끌어내사 풍부한 곳에 들이셨나이다 ¹³내가 번제물을 가지고 주의 집에 들어가서 나의 서원을 주께 갚으리니 ¹⁴이는 내 입술이 낸 것이요 내 환난 때에 내 입이 말한 것이니이다

제물을 가지고 주의 집에 들어갑니다

『 시편 66 : 10~14 』

―― *Meditation*

    구약에서 제사의 종류는 다양합니다. 번제(burnt offering), 화목제(peace offering), 속죄제(sin offering), 속건제(guilt offering)가 있었습니다. 제사에 따라 제물의 종류는 소, 양, 염소, 비둘기, 곡식과 포도주 등으로 나뉘었습니다. 제사를 드리는 사람의 상황과 목적에 따라 제물에 대한 세밀

한 규정이 있었고, 그 규정에 따라 제사를 드렸습니다. 예루살렘 성전에는 일 년 내내 제사를 드리려는 사람들이 줄을 이었습니다. 제물을 드릴 줄 알고, 예배할 줄 아는 자는 복이 있습니다. 이런 자가 줄 서 있다는 것은 은혜로운 일이고 놀라운 일입니다.

예배란 무엇입니까? 하나님의 능력에 대한 경축입니다. 하나님의 은혜에 대한 영접입니다. 우리의 삶 전체를 제물로 바치는 드림입니다. 하나님의 뜻을 실천하는 생활입니다. 우리의 예배가 어떠하든지 제물이 없는 예배란 있을 수 없습니다. 예배란 그 자체가 제물이기 때문입니다. 구약에서 제사를 드리는 것은 희생을 드리는 것입니다. 제사는 그 자체가 희생입니다. 우리의 예배도 그 자체가 희생이어야 합니다.

고대 마야문명에서는 남자들이 편을 나누어 볼 게임을 하였습니다. 경기장 가운데는 제단이 있었고 경기가 끝나면 이긴 편 주장의 심장을 제물로 드렸습니다. 심장에서 흐르는 피가 동서로 나뉘어 흐르는데, 이것을 영광으로 생각하고 기뻐했다고 합니다. 왜냐하면 다시 세상에 태어날 때는 반신반인으로 태어난다고 믿었기 때문입니다.

로마서 12 : 1에는 "너희 몸을 하나님이 기뻐하시는 거룩한 산 제물로 드리라 이는 너희가 드릴 영적 예배니라"라고 합니다. 하나님이 가장 기뻐하시는 제물은 우리의 몸입니다. 우리 자신입니다. 우리 삶 전체입니다. 이 모든 것이 제물로 하나님께 드림이 되기를 바랍니다.

첫째, 무엇을 가지고 주의 집에 들어갑니까?

13절 상반절에는 "내가 번제물을 가지고 주의 집에 들어가서"라고 합니다. 주의 집에 들어갈 때는 번제물을 가지고 들어가 태워 드립니다. 본 시편의 기자는 상당히 높은 신분을 가진 자인 것 같습니다. 왜냐하면 드려진 제물이 상당한 수량입니다. 보통 사람들이 드릴 수 없는 제물을 드렸습니다. 드린 번제물의 구체적 내용을 보십시오. 15절에는 "내가 숫양의 향기와 함께 살진 것으로 주께 번제를 드리며 수소와 염소를 드리리이다"라고 합니다. 이 정도의 제물이면 그 신분이 주로 대제사장이나 종족의 두령 등 상류층에 속한 사람일 것입니다.

하나님은 제물에 정성이 담긴 것을 원하십니다. 하나님은 빈손으로 주의 집에 들어오는 것을 원하지 않으십니다. 가인과 아벨이 제물을 드렸습니다. 가인은 곡식을 드렸고 아벨은 짐승을 드렸습니다. 하나님이 가인의 제사를 받지 않으시고 아벨의 제사를 받으신 것은 피의 제물을 원하시기 때문이라고 합니다. 즉, 희생이 있는 제물을 받으신다고 합니다. 왜 하나님께서 양을 드린 아벨의 제사를 받으셨는지 확실하게는 알 수 없으나 히브리서에서는 그 해답을 줍니다. 히브리서 11 : 4에는 "믿음으로 아벨은 가인보다 더 나은 제사를 하나님께 드림으로"라고 합니다. 아벨의 제사가 믿음으로 드려진 제사였기 때문입니다.

칼뱅은 예배의 요소를 말씀, 기도, 구제, 헌금이라고 하였습니다. 제사는 제물이 있어야 합니다. 예배는 봉헌이 있어야 합니다. 예배는 희생이 있어야 하고, 예배 자체가 희생이 되어야 합니다.

맥스 루케이도는 성장하는 사람의 네 가지 습관을 말합니다. 첫째는 기도의 습관, 둘째는 공부의 습관, 셋째는 헌금의 습관, 넷째는 친교의 습관입니다. 사람은 습관이 좋아야 합니다. 좋은 그리스도인은 좋은 신앙적 습관을 가진 자입니다. "내게 있는 모든 것을 아낌없이 바치네"라는 찬송처럼 우리가 가진 모든 것을 '겸손하게', '주를 위해' 기쁨으로 제물을 드리기 바랍니다.

둘째, 주의 집에 들어가서 무엇을 합니까?

13절 하반절에는 "나의 서원을 주께 갚으리니"라고 합니다. 주의 집에 들어가 서원을 합니다. '서원' 이란 히브리어로 '네데르' 라고 합니다. 시편의 기자는 자신의 구원을 서원했을 것입니다.

서원이 구체적으로 무엇입니까? 14절에는 "이는 내 입술이 낸 것이요 내 환난 때에 내 입이 말한 것이니이다"라고 합니다. 환난을 당할 때 구원할 자는 오직 하나님뿐이십니다. 구원해 주실 분은 하나님이시기에 구원해 달라는 간절한 소원을 아룁니다. 자신을 구원해 달라는 소원과 그 외의 소원들을 줄줄이 아뢰는 것입니다.

사람들은 자신의 서원이 무엇인지 알지 못하고 할 때가 있습니다. 사사 입다는 암몬과 싸울 때에 암몬으로부터 평안히 돌아가게 하시면 내 집에서 제일 먼저 영접하는 자를 번제물로 드리겠다고 하였습니다. 그런데 하필이면 무남독녀 딸이 춤추며 아버지를 영접하였습니다. 입다는 '어찌할꼬' 하며 탄식하였지만 자신이 서원한 일을 할 수밖에 없었습니다. 사사기 11 : 39에서 "그는 자기가 서원한 대로 딸에게 행하니"라고 합니다. 자신이 알지 못한 서원이지만 그 서원대로 했습니다. 우리의 서원이 항상 정당한 서원이 되어야 합니다.

희랍 신화에 있는 이야기입니다. 효성이 지극한 아들이 어머니를 지극 정성으로 모셨습니다. 이를 고마워한 어머니는 아폴론 신에게 소원을 빌었습니다. "제발 내 아들에게 최고의 행복을 내려 주십시오." 다음 날 아침 아들은 영원히 잠에서 깨어나지 않았습니다.

소원은 시대에 따라서 달라집니다. 소원은 세태를 표현합니다. 60년대 이전까지의 노래는 "달아 달아 밝은 달아 이태백이 놀던 달…… 계수나무 박혔으니 옥도끼로 찍어 내고 금도끼로 다듬어서 초가삼간 집을 지어 양친 부모 모셔다가 천년만년 살고지고"라고 했습니다. 70년대는 "저 푸른 초원 위에 그림 같은 집을 짓고 사랑하는 우리 님과 한 백 년 살고싶어"라고 합니다. 60년대는 부모를 생각했지만 70년대는 사랑하는 님을 생각했습니다. 그러나 지금은 콘크리트 벽 속에 공간 하나(아파트)를 얻는 것이 소원입니다.

하나님께 주의 집에서 번제물을 드리고 서원하면 제사하는 백성의 서원을 하나님이 갚아 주십니다. 주의 집에 올 때마다 제물을 드립시다. 나아가서 내가 산 제물이 됩시다. 보여 준 우리의 서원이 성취될 것입니다. 우리 마음의 서원이 다 은혜로 이루어지기를 바랍니다.

Application

주의 집에 올 때마다 제물을 드립시다.
나아가서 내가 산 제물이 됩시다.
보여 준 우리의 서원이 성취될 것입니다.

° 지금 나의 헌신은 어떤 모습입니까?
  모양과 형식만 갖춘 것이 아니라 하나님께 온전한 중심을 드리고 있는지 생각해 봅시다.

° 오늘 하루의 삶 속에서 어떻게 거룩한 산 제물이 되어 하나님을 예배할지 묵상해 보고 실천해 봅시다.

²⁶이스라엘의 근원에서 나온 너희여 대회 중에 하나님 곧 주를 송축할지어다 ²⁷거기에는 그들을 주관하는 작은 베냐민과 유다의 고관과 그들의 무리와 스불론의 고관과 납달리의 고관이 있도다 ²⁸네 하나님이 너의 힘을 명령하셨도다 하나님이여 우리를 위하여 행하신 것을 견고하게 하소서 ²⁹예루살렘에 있는 주의 전을 위하여 왕들이 주께 예물을 드리리이다

주의 전을
위 하 여
예물을 드립니다

『 시편 68 : 26~29 』

Meditation

　서울 성북동에 법정스님이 관리하던 길상사라는 사찰이 있습니다. 오래 전에는 대원각이라는 한식당이었는데, 여주인이 세상을 떠나면서 법정스님에게 의탁하여 기부하였습니다.
　가끔 불자들이 거액을 희사하고 세상을 떠나는 경우를 볼 수 있습니다.

불자들의 시주나 희사는 기독교인들의 헌금과는 드리는 모양이나 마음의 차원이 전혀 다릅니다. 불교에는 윤회사상이 있기에 다음 세상에 좋은 것으로 태어나기 위하여 자신의 것을 드리는 것입니다. 불교에서 드리는 희사는 개인적이며 그 안에 보상심리가 담겨 있을 것입니다. 그러나 우리가 하나님께 드리는 것은 그렇지 않습니다. 조건이 없는 것이며 감사의 마음이 드림의 기초입니다. 기독교는 값없이 받았으니 하나님께 감사하는 것을 드리는 것입니다. 내가 가지고 있는 모든 것이 주의 것이라고 인정하는 마음에서 시작됩니다.

선물과 뇌물의 차이를 잘 알고 있습니까? 선물은 감사의 의미로 주는 것입니다. 선물은 조건이 없이 무조건적입니다. 선물은 기쁨으로 주는 것입니다. 반면에 뇌물은 주기 싫지만 억지로 주는 것입니다. 뇌물에는 언제나 조건이 있습니다. 대가성이 있습니다. 뇌물은 주면서도 늘 불안합니다. 하나님께 드리는 예물은 선물의 개념이지 뇌물의 개념이 아닙니다. 뇌물은 조건이 있기 때문에 범죄행위에 해당되는 것입니다.

종교계의 헌금과 시주는 한 해에 6조 2천억 원가량 됩니다. 가구당 38만 원에 해당되는 액수입니다. 이 모든 액수를 기부로 치면 세계 6위의 기부국입니다. 성경이 말하는 예물은 신앙의 자발적 행위입니다. 하나님께 대한 봉헌을 억지로 하라고 한다고 하겠습니까? 흔히 '쥐어짠다'는 표현을 하는데 쥐어짠다고 봉헌이 될 리가 없습니다.

고린도후서 9 : 7에는 "각각 그 마음에 정한 대로 할 것이요 인색함으로나 억지로 하지 말지니 하나님은 즐겨 내는 자를 사랑하시느니라"라고 합니다. 성경의 인물들을 보십시오. 동방박사들은 예수님을 만나러 왔을 때 귀한 예물을 가지고 와서 아끼게 드렸습니다. 어떤 한 여인은 예수님의 발아래에 와서 값진 향유를 발에 부었습니다. 막달라 마리아는 예수님의 무덤에 비싼 향품을 가지고 와서 시체에 바르려고 하였습니다. 주님께 예물을 드릴 줄 아는 자가 됩시다. 어떻게 해야 드릴 수 있습니까? 사랑해야 합니다. 사랑해야 드릴 수 있고, 사랑하면 드리게 됩니다. 주님께 기쁘시게 하기 위해 예물을 드리는 자가 되기를 바랍니다.

첫째, 주의 전을 위하여 누가 예물을 드립니까?

29절에는 "예루살렘에 있는 주의 전을 위하여 왕들이"라고 합니다. 주의 전을 향하여 왕들이 예물을 드립니다. 이방 왕들이 하나님께 경외심을 표하게 될 것이라는 예언입니다. 솔로몬 시절 스바의 여왕에 의하여 이 예언이 성취되었습니다. 이 말씀은 궁극적으로 모든 민족들에게 복음이 전파되어 그들이 하나님께로 나아올 것에 대한 예언의 말씀입니다. '주의 전을 위하여' 라는 말을 문자적으로 해석하면 '주의 전으로부터' 라는 뜻입니다. 예루살렘 성전에서부터 온 세계로 예물을 드리는 자가 많아지게 될 것입니다.

세상의 왕들은 예물을 받을 줄은 알지만 드리지는 못합니다. 그런데 이런 왕들이 하나님께 예물을 드리게 된다고 성경은 말씀합니다. 세상의 모든 나라가 주의 전을 찾습니다. 예수님을 믿게 됩니다. 예수님께서 십자가에서 돌아가실 때에 백부장은 예수님을 향해 "과연 하나님의 아들이다."라고 고백하였습니다. 이것은 종말적 증언입니다. 모든 나라 왕들이, 백성들이 하나님을 믿고 고백하게 될 날이 올 것입니다.

다니엘서에는 느부갓네살 왕이 꾼 꿈에 대한 이야기가 기록되어 있습니다. 이 꿈 이야기는 세상에서 가장 강한 나라 바벨론, 메데와 바사, 헬라, 로마가 멸망하지만 결국 그리스도가 세상의 왕이 되시며 세상을 지배할 것을 상징하는 말씀입니다.

시편 22 : 27에는 "땅의 모든 끝이 여호와를 기억하고 돌아오며 모든 나라의 모든 족속이 주의 앞에 예배하리니"라고 하는 예언시가 있습니다. 모든 나라가 하나님을 믿게 될 것이며, 하나님의 주권과 통치가 이를 성취하게 될 것이라는 말씀입니다.

주기도문에는 "아버지의 나라가 오게 하시며"라는 기도가 있습니다. 이 기도는 막연한 기도가 아니라 확실한 예언적 소망이 담긴 기도입니다. 하나님의 나라가 이 땅에 온다는 것은 하나님이 통치하시고 하나님의 주권이 지배하는 나라가 오게 될 것이라는 약속입니다.

마지막 때가 되면 유대인이 그리스도를 믿게 될 것입니다. 유대인이 예수님을 믿게 되는 때는 예수님이 다시 이 땅에 오시는 마지막 때일 것입니다. 자세히 보면 우리 중에도 도저히 예수를 믿지 않을 것 같은 사람들이 교회에 와서 예수님을 믿고 함께 섬기게 됨을 봅니다. 아무리 부족해 보여도 이런 자들이 와서 예수를 믿고, 구원을 받고, 하나님께 예물을 드리는 일이 일어나게 될 것입니다. '세상 모든 민족이 구원을 얻기까지' 주님께서는 역사하시고 믿게 하십니다. '모든 열방 주 볼 때까지' 하나님은 우리 모두를 감동시키십니다. '각 나라와 족속 백성 방언에서' 구원받게 하십니다.

둘째, 주의 전을 위한 예물을 누구에게 드립니까?

29절에는 "주께 예물을 드리리이다"라고 합니다. '주께' 드린다고 합니다. 주의 전을 위하여 드리는데, 왜 주께 드린다고 표현합니까? 주의 전의 주인이 주님이시기 때문입니다. 주의 전에 드리는 것이 곧 주님께 드리는 것입니다.

주의 전에 드리는 것이 주님께 드리는 것이라는 말은 주님 외에 어떤 존재도 예물의 주인이 아님을 의미합니다. 교회에서 교역자와 직원들의 생활비를 드린다고 교회에 드리는 예물이 사람에게 주는 것은 아닙니다. 드리는 모든 것이 하나님께 드려지는 것이고, 그 안에서 합당하게 사용되는 것입니다.

이스라엘 백성들이 가나안에 들어와서 처음 전쟁을 치른 곳은 여리고입니다. 하나님께서는 여리고를 함락하더라도 전리품을 가지지 말라고 하셨습니다. 그런데 아간은 은과 외투를 전리품으로 가져다가 자기 천막 밑에 숨겼습니다. 이 일로 하나님이 진노하시고 이스라엘 백성들이 아이 성에서 참패하게 하셨습니다. 하나님께서 왜 그렇게 하셨습니까? 여리고 성에서의 승리는 하나님의 것이지 이스라엘의 것이 아닙니다. 이스라엘 백성들은 전쟁에서 한 일이 하나도 없습니다. 그래서 하나님은 전리품을 가지지 말라고 하신 것입니다. 즉, 자신들의 힘으로 전쟁에 이긴 것이 아님을 알게 하시기 위함이었습니다. 아간은 주님의 것, 자기의 것으로 훔친 것입니다. 그래서 하나님이 진노하신 것입니다.

엘리 제사장의 아들인 홉니와 비느하스는 성전의 것을 마음대로 사용했습니다. 제사용 고기를 갈고리로 건져 먹기도 했습니다. 이런 그들의 행동으로 그 집안이 하나님께 벌을 받아 망했습니다. 사무엘의 아들들인 요엘과 아비야는 뇌물을 받고 재판을 그릇되게 하였습니다. 이 일로 백성들은 사무엘에게 왕을 달라고 요청했고, 하나님의 진노를 샀습니다. 하나님이 왜 진노하십니까? 하나님의 것을 도적질했기 때문입니다.

말라기 3:8에는 "사람이 어찌 하나님의 것을 도둑질하겠느냐 그러나 너희는 나의 것을 도둑질하고도 말하기를 우리가 어떻게 주의 것을 도둑질하였나이까 하는도다 이는 곧 십일조와 봉헌물이라"고 합니다. 십일조는 내 것이 아니라 주님의 것으로 인정해야 합니다. 그렇지 않으면 아깝게 느껴지고, 많이 드리는 것 같고, 그렇게 생각할수록 생색내게 됩니다.

미국에 '골게이트' 라는 치약회사가 있습니다. 이는 골게이트라는 사람이 세운 신앙적 기업입니다. 영국에서 태어난 그는 어릴 때 너무너무 가난했지만 그의 어머니는 "너는 항상 주머니 2개를 가지고 있어야 한다. 하나는 십일조 주머니이고, 다른 하나는 쓸 돈이다."라고 가르쳤습니다. 그는 어머니의 말씀을 실천하였습니다. 얼마 후에 미국으로 가는 배의 짐짝 틈에 숨어 가다 선장에게 들켰습니다. 그의 딱한 사정을 들은 선장은 그를 양자로 삼았고, 골게이트는 유산으로 받은 배를 팔아 치약공장을 만들었습니다. 그의 사업은 날로 번창하였습니다. 그는 꼬박꼬박 십일조 생활을 하였는데, 그의 십일조를 계산하는 직원만 30명이었다고 합니다. 그는 평생 십일조가 아니라 십오조의 봉헌을 하였다고 합니다. 그는 모든 것이 하나님께로부터 왔음을 인정하였습니다. 이렇듯 가진 것의 십일조 외에 우리의 모든 것을 주의 것으로 인정하는 사람은 하나님께로부터 복을 받습니다.

한 장로님의 이야기입니다. 그분은 북한에서 피난 나올 때 많은 것을 가지고 올 수 없고, 가장 중요한 한 가지만 가지고 와야겠다고 생각하여 광목천으로 만든 십일조 주머니 하나를 가지고 오셨습니다. 그분은 십일조 주머니를 집의 벽에 걸어 놓고 얼마의 돈을 벌든 십일조를 떼서 그 주머니 속에 넣어 두었다가 주일에 교회에 와서 하나님께 바쳤습니다. 피난살이하느라 얼마나 고생을 많이 했겠습니까? 그리고 얼마나 돈이 궁했겠습니까? 그러나 장로님은 착실하게 십일조를 드려서 부자가 되었습니다. 다 낡은 십일조 주머니는 그 장로님이 평생 보관하신 그 집의 보물창고였습니다.

TV나 뉴스를 보면 결혼예물 시비에 관한 기사가 심심찮게 보입니다. 예물이 적다고 하여 이혼하는 경우도 있고, 이혼할 때 예물을 반환해 달라고 소송하는 경우도 생깁니다. 분명히 좋아서 서로 교환한 예물인데 왜 이런 문제가 생깁니까? 사랑과 신뢰가 없으면 예물은 더 이상 예물이 아니기 때문입니다.

예물은 주의 전에 드리는 것입니다. 십일조는 자신이 다니는 교회에 드리는 것이 원칙입니다. 예물은 주님께 드리는 것이 원칙입니다. 사람에게 드리는 것이 아닙니다. 우리의 모든 것을 주님의 것으로 인정하고 정성을 다하여 드리는 성도가 되기를 바랍니다.

Application

예물은 주님께 드리는 것이 원칙입니다.
우리의 모든 것을 다 주님의 것으로 인정하고
정성을 다하여 드리는 성도가 되기를 바랍니다.

◦ 십일조가 부담스럽게 느껴지는 적이 있지는 않습니까?
그런 경우가 있다면 왜 그렇게 느껴지는지 생각해 봅시다. (단순히 액수가 커서인지, 아니면 나의 중심이 문제인지 점검해 보십시오.)

◦ 물질뿐만 아니라 시간, 노력, 재능 중에 내가 주님께 드려야 할 십일조는 무엇이 있을지 생각해 보고, 그 구체적인 방법까지 생각해 봅시다.

⁶주 만군의 여호와여 주를 바라는 자들이 나를 인하여 수치를 당하게 하지 마옵소서 이스라엘의 하나님이여 주를 찾는 자가 나로 말미암아 욕을 당하게 하지 마옵소서 ⁷내가 주를 위하여 비방을 받았사오니 수치가 나의 얼굴에 덮였나이다 ⁸내가 나의 형제에게는 객이 되고 나의 어머니의 자녀에게는 낯선 사람이 되었나이다 ⁹주의 집을 위하는 열성이 나를 삼키고 주를 비방하는 비방이 내게 미쳤나이다

주의 집을 위하는 열성이 나를 삼킵니다

『 시편 69 : 6~9 』

Meditation

위대한 경영의 덕목은 다섯 가지 마음에서 온다고 합니다. 그 다섯 가지 마음은 초심, 열심, 성심, 뒷심, 평상심입니다. 열심 곧 열정, 열성은 인간의 성공에 필요한 덕목입니다. 마음에 이런 열성적인 것이 있어야 좋은 신앙인이 됩니다.

"움직이게 하는 것은 피스톤이나 기계가 아니라 증기"라는 옛말이 있습니다. 교회는 열정이라는 에너지를 거둘 수 있어야 합니다. 열정은 집중력이라는 격렬한 힘의 원천입니다. 열정 혹은 열성이란 말의 영어 단어는 'enthusiasm'인데, 이 말은 '하나님 안에서'라는 뜻을 가지고 있습니다. 진정한 열성, 열정, 열심은 하나님 안에서 생기는 것이며 이는 하나님을 위한 것이어야 합니다.

고린도후서 11 : 2에는 "내가 하나님의 열심으로 너희를 위하여 열심을 내노니"라고 합니다. 하나님의 열심은 참된 열심입니다. 하나님의 열심은 사람들을 위하여 사용하는 열심이어야 합니다. 이것이 참 열심이며 이런 열성을 가져야 합니다.

영성가인 투르의 힐라리는 그리스도인은 '하나님을 위한 불경건한 열심', 즉 자기 자신을 위해 하나님의 사역을 하려는 신성모독적인 열망을 부단히 경계해야 한다고 하였습니다. 우리의 열심은 하나님의 것이어야 하며, 하나님의 열심을 하나님을 위한 일에 사용해야 합니다.

바울은 빌립보서 3 : 6에서 "열심으로는 교회를 박해하고 율법의 의로는 흠이 없는 자라"고 하며 자신의 잘못된 열심을 고백합니다. 하나님을 위한 열심이 아니면 하나님을 거역하게 하고, 교회를 해롭게 하는 것입니다.

다윗은 주의 전을 사랑하는 극진한 마음을 시편에서 절절히 표현합니다. 이를 통해 교회를 위한 열성, 하나님을 위한 열심을 배우기를 바랍니다.

첫째, 다윗이 받은 비방은 누구 때문입니까?

7절에는 "내가 주를 위하여 비방을 받았사오니 수치가 나의 얼굴에 덮였나이다"라고 합니다. 다윗이 받은 비방은 주님 때문이었습니다. 하지만 다윗은 자기 자신 때문에 받은 비방이 아니라 주님 때문에 받은 비방을 기쁨으로 생각했습니다.

다윗은 원수들로부터 받았던 고난은 자신의 개인적 실수나 잘못으로 말미암은 것이 아니었고, 하나님의 뜻대로 바르게 행하려고 하다 비방을 받은 것이라고 고백하고 있습니다. 주님 때문에 내가 비방을 받는다면 그것이 얼마나 큰 영광입니까?

9절 하반절에는 "주를 비방하는 비방이 내게 미쳤나이다"라고 합니다. 다윗이 늘 가지고 있던 주의 집을 위하는 열성은 불의한 자들로부터 많은 불이익을 당하게 하였습니다. 얼마나 비방이 컸으면 7절과 9절에 반복해서 호소하고 있겠습니까? 하나님께 대한 비방이 자신에게 돌아왔음을 다윗은 알고 있었습니다.

믿음의 위인들은 주를 위한 열성 때문에 세상으로부터 비방을 받았습니다. 세상은 절대로 주님을 좋아하지 않습니다. 자기가 주인인데 하나님이 주인이라는 사실을 좋아하겠습니까? 세상은 절대로 주님을 믿는 사람을 좋아하지 않습니다. 세상이 주인이고, 자기를 주인으로 인정하는 사람들이 하나님을 주인으로 인정하는 사람을 좋아하겠습니까?

요한복음 15 : 19에는 "너희가 세상에 속하였으면 세상이 자기의 것을 사랑할 것이나 너희는 세상에 속한 자가 아니요 도리어 내가 너희를 세상에서 택하였기 때문에 세상이 너희를 미워하느니라"라고 합니다. 이 말씀은 세상이 우리를 미워하는 까닭은 예수님 때문이라고 합니다. 이것이 세상과 그리스도와의 관계입니다.

로마인은 수많은 신을 숭배하였습니다. 보이는 황제를 숭배하였던 로마인들은 눈에 보이지 않는 하나님만 경배하는 그리스도인을 무신론자로 여겼습니다. 그리스도인들은 황제 신성과 황제 숭배를 인정하지 않았기 때문에 로마 정부의 진노를 샀고, 비방과 핍박을 받았습니다. 하나님을 잘 섬기는 것은 어느 시대나 세상으로부터 비난을 받게 되어 있습니다.

고린도후서 11장에서 바울은 자신의 고난을 열거합니다. 사십에 하나 감한 매를 다섯 번 맞았습니다. 세 번 태장으로 맞았습니다. 한 번 돌로 맞았습니다. 세 번 파선을 당했습니다. 강의 위험과, 강도의 위험과, 동족의 위험과, 이방인의 위험과, 시내의 위험과, 광야의 위험과, 바다의 위험과, 거짓 형제의 위험을 당했습니다. 자지 못하고, 목마르고, 굶고, 춥고, 헐벗었습니다. 그러나 바울은 주님 때문에 받은 비방과 고난을 오히려 기뻐하고 자랑하였습니다. 그래서 요한은 요한1서 3 : 13에서 "형제들아 세상이 너희를 미워하여도 이상히 여기지 말라"고 합니다. 세상이 미워하고 비방하는 것은 당연한 것이라는 말입니다.

둘째, 다윗의 열성은 무엇을 위한 열성입니까?

9절에는 "주의 집을 위하는 열성이 나를 삼키고 주를 비방하는 비방이 내게 미쳤나이다"라고 합니다. 말씀 속에는 주의 집을 사랑하는 다윗의 마음이 절절히 나타납니다. '열성이 나를 삼키고'라는 표현은 완전히 그 마음에 지배를 당하고, 그것밖에 모른다는 말입니다.

로널드 롤하이저는 영성을 에로스, 즉 "에너지를 어디에 분출하는가?" 하는 것이라고 하였습니다. 영성 외에 한곳으로 모이는 에너지는 없습니다. 돈만 버는 사람을 보셨습니까? 사람이 돈이 있으면 권력을 추구하고, 욕심이 생깁니다. 또 어떤 면에서 볼 때 돈과 권력은 항상 함께 다닙니다. 그러나 하나님을 위한 에너지와 열성은 늘 한곳에 모이게 되어 있습니다.

다윗의 주의 집을 향한 열성은 정말 대단한 것이었습니다. 「시편의 교회」를 통하여 다윗이 주의 집을 향해 가진 열정을 새롭게 발견하게 되기를 바랍니다. 아우구스티누스는 "선한 그리스도인에게 있어 온전한 삶이란 거룩한 열망을 갖는 것이다."라고 하였습니다. 열성을 대신할 수 있는 것은 아무것도 없습니다. 우리가 무엇에 열광한다면 무엇에든 성공할 수 있습니다.

양복을 만드는 이가 "내가 아는 것은 양복밖에 없습니다."라고 한다면 그는 대단한 사람이며 전문가로 평가받을 것입니다. 한 가지에 온갖 열정을 다 쏟을 수 있다면 이미 달인이 된 것입니다. 야구선수는 볼을 친 다음에는 열심히 1루를 향해 뛰어야 합니다. 미국의 전설적인 타자 행크 아론은 친 볼을 보지 않고 1루를 향해 달린다고 하였습니다. 이미 친 볼을 보는 것은 아무런 도움이 되지 못합니다. 우리나라의 양준혁 선수도 땅볼을 치고도 죽을 힘을 향해 달리다보면 안타가 되는 경우가 있는데, 일 년에 3~4개는 이런 안타가 되며, 이런 열성이 타율을 0.299에서 0.300으로 끌어올린다고 하였습니다. 타율이 0.299와 0.300은 천지 차이입니다. 이 세상에는 열성만으로도 이룰 수 있는 것이 많습니다.

우리는 푯대를 향해 열심히 달려가고 있지만 아무도 도착한 사람은 없습니다. 도착할 때까지 힘을 다해 열심히 달립시다. 내게 주어진 나의 삶에 최선을 다하며 교회를 사랑하는 열성이 온몸에 배어 있기를 바랍니다. 우리의 온몸에서 교회의 냄새가 풍기기를 바랍니다. 교회의 모습이 드러나기를 바랍니다. 교회를 사랑하는 열성이 나를 삼키고, 교회를 통해 축복의 삶을 사는 우리가 되기를 바랍니다.

Application

교회를 사랑하는 열성이 온몸에 배어 있기를 바랍니다.
교회를 사랑하는 열성이 나를 삼키고,
교회를 통해 축복의 삶을 사는
우리가 되기를 바랍니다.

○ 지금 당신의 삶에서 가장 큰 열성은 무엇을 향하고 있습니까?
그것이 당신의 삶에 미치는 영향은 무엇입니까?

○ 하나님을 향한 열성이 단순히 하나님께서 '주시는 복'에 대한 열성은 아닌지 점검해 봅시다.
하나님 '그분 자체'를 향한 열성이 내 안에 가득 차도록 기도합시다.

¹⁵내가 만일 스스로 이르기를 내가 그들처럼 말하리라 하였더라면 나는 주의 아들들의 세대에 대하여 악행을 행하였으리이다 ¹⁶내가 어쩌면 이를 알까 하여 생각한즉 그것이 내게 심한 고통이 되었더니 ¹⁷하나님의 성소에 들어갈 때에야 그들의 종말을 내가 깨달았나이다

하나님의 성소에
들어갈 때에
깨달았습니다

『 시편 73 : 15~17 』

Meditation

    북미 인디언들의 어린 시절에는 '비전 찾기'(vision-seeking)라는 자기 성찰 시간이 있습니다. 무더운 오두막에 혼자 남아 긴 시간을 금식하며 묵상하는 시간으로 진정한 삶의 의미와 인생의 목적을 생각합니다. 이 시간을 통해 부족을 위해 할 일이 무엇인가를 깨닫습니다. 그래서 학자들은 백인의 문

화와 문명, 인디언의 그것은 전혀 다르다고 합니다. 백인들의 문화와 문명은 본질상 물질적인 것입니다. 백인들의 성공 기준은 '나를 위해 재산을 얼마나 모았는가?' 입니다. 인디언들의 문화는 근본적으로 영적인 것입니다. 인디언의 성공 기준은 '내 동족에게 얼마나 봉사를 베풀었는가?' 입니다. 이런 그들의 문화와 성공 기준은 깨달음의 결과에서 옵니다.

우리에게도 이런 영적 깨달음이 필요합니다. 닐 앤더슨은 "우리에게 가장 소중한 믿음은 하나님이 누구신가에 대한 올바른 깨달음이다. 그 다음으로 소중한 믿음은 하나님의 아들로서 우리가 누구인가에 대한 깨달음이다." 라고 하였습니다. 하나님에 대한 깨달음이 우리 믿음의 기초입니다.

베드로는 자기가 먹고 살기에 급급한 사람이었습니다. 그러나 예수님을 만남으로 첫 번째 깨달음을 얻었습니다. 바로 예수님께서 자신의 주님이 되신다는 깨달음입니다. 그리고 이 첫 번째 깨달음 다음에 "나는 죄인입니다." 라는 자신에 대한 두 번째 깨달음이 가능하게 된 것입니다.

깨달음을 통해 섬기는 리더가 되기 위해 노력하는 세 가지 방법이 있습니다. 첫째는 죽음과 유사한 경험을 하는 것입니다. 둘째는 영적인 깨달음을 얻는 것입니다. 셋째는 중요한 역할 모델을 가지는 것입니다. 시편 73편은 아삽의 시입니다. "왜 악인이 형통하는가?"라는 질문에 대하여 하나님의 하시는 일에 대한 깨달음을 가진 다음 하나님께 대한 확신을 가지고 하나님의 하시는 일을 확인하는 시입니다.

첫째, 성소에 들어갈 때에 얻는 것이 무엇입니까?

17절에는 "하나님의 성소에 들어갈 때에야 그들의 종말을 내가 깨달았나이다"라고 합니다. 시인은 성소에 들어갈 때에 깨달음을 얻습니다. 풀지 못할 문제가 있을 때 성소에 들어가 하나님께 물어보는 것은 바른 신앙인의 자세입니다. 깨달음을 얻는 것은 신앙인의 바른 은택입니다. 혼자서 해결하지 못할 문제가 있을 때 교회에 들어가 하나님께 물어보면 해답을 얻고 깨닫게 됩니다.

16절에는 "내가 어쩌면 이를 알까 하여 생각한즉 그것이 내게 심한 고통이 되었더니"라고 합니다. 시인은 악인을 형통케 하시고 도리어 의인에게는 재앙을 내리시는 하나님의 뜻이 과연 무엇인지 고민하였지만 답을 얻지 못하였습니다. 그러나 성소에 들어가서 비로소 하나님의 뜻을 알게 되었습니다.

하박국 역시 의인이 고통을 당하고, 악인이 득세하는 이유를 알지 못해 하나님께 질문하였습니다. 이때 그가 얻은 해답은 "오직 의인은 믿음으로 말미암아 살리라"라는 것이었습니다. 하나님은 우리의 질문에 대한 해답을 주시는 분입니다. 하나님의 집에 들어가면 해답을 얻습니다. 성소에서 만나는 예수님은 우리 인생의 가장 큰 문제에 대한 해답이 되십니다.

하나님이 어떤 사람을 흔들기 위해 주시는 고통의 다섯 가지 목적이 있습니다. 첫째는 토대에 더 가까이 이르게 하기 위함입니다. 둘째는 죽은 것을 제거하기 위함입니다. 셋째는 익은 것을 추수하기 위함입니다. 넷째는 깨닫게 하기 위함입니다. 다섯째는 하나로 결합하고 섞여서 더는 분리되지 않게 하기 위함입니다.

예수님을 믿으면 깨달음이 생겨 삶의 지혜가 생기고, 분별력을 가지게 됩니다. 우둔한 사람이 현명해지고 한글 근처에 가 보지도 않은 사람이 깨우쳐 성경을 줄줄 읽게 됩니다.

교회에 들어오면 도저히 사람의 생각으로 이해할 수 없는 하나님의 깊은 뜻을 알게 하는 깨달음을 주십니다. 하나님의 교회는 깨달음의 장소입니다. 하나님의 뜻을 깨닫게 하시고, 세상의 이치를 깨닫게 하시는 곳이 교회입니다.

둘째, 성소에 들어갈 때 깨달은 내용은 무엇입니까?

17절에는 "하나님의 성소에 들어갈 때에야 그들의 종말을 내가 깨달았나이다"라고 합니다. 악인을 형통케 하시는 하나님의 뜻을 헤아리지 못한 저자는 드디어 거기에 대한 해답을 얻습니다. 인간의 지혜로 하나님의 뜻을 헤아려 보려고 했으나 실패하고 하나님의 성소에서 말씀과 기도로 비로소 하나님의 뜻을 알게 되었습니다. 말씀과 기도는 하나님의 뜻을 헤아리는 중요한 방편입니다.

'그들의 종말'이란 악인들의 최종적 운명에 관한 것입니다. 이런 악인의 최후의 운명을 성소에서 비로소 깨닫게 되었습니다. 악인이 잘되는 듯이 보이고 선한 사람이 고통을 당하는 까닭을 알게 되었습니다.

사람들의 눈에는 악인들이 너무 잘되는 것같이 보일 때가 많이 있습니다. 세상에서 힘도 있고, 돈도 많고 끝까지 멸망당하지 않을 것같이 보일 때가 있습니다. 그러나 그들의 종말은 비참하고, 허무하기 짝이 없습니다. 이런 공의의 하나님을 의심하지 말아야 합니다.

악인의 종말이 잘되는 법은 없습니다. '권선징악'은 동서고금을 막론한 이치이자 소설의 주제이기도 합니다. 우리나라의「흥부전」,「홍길동전」과 같은 소설에도 나와 있습니다. 악인이 벌을 받는 종결이 거의 모든 소설의 주제입니다.

잠언 5 : 22에는 "악인은 자기의 악에 걸리며"라고 합니다. 욥기 18 : 5에는 "악인의 빛은 꺼지고 그의 불꽃은 빛나지 않을 것이요"라고 합니다. 시편 37 : 17에는 "악인의 팔은 부러지나 의인은 여호와께서 붙드시는도다"라고 합니다. 잠언 11 : 18에는 "악인의 삯은 허무하되 공의를 뿌린 자의 상은 확실하니라"라고 합니다. 시편 1 : 4~6에는 "악인들은 그렇지 아니함이여 오직 바람에 나는 겨와 같도다 그러므로 악인들은 심판을 견디지 못하며 죄인들이 의인들의 모임에 들지 못하리로다 무릇 의인들의 길은 여호와께서 인정하시나 악인들의 길은 망하리로다"라고 합니다. 잠언 24 : 1과 19에는 "너는 악인의 형통함을 부러워하지 말라"고 합니다. 왜 악인이 잘되는 것을 부러워하지 말아야 합니까? 악인은 반드시 망하기 때문입니다.

「청소부 밥」이라는 책에는 재미있는 말들이 많이 나옵니다. 이런 말이 있습니다. "얼마나 오래 사는지는 중요하지 않습니다. 어떻게 사느냐가 중요하죠. 내가 깨달은 지혜를 후대에게 물려주는 삶을 살아야 합니다. 그것만이 진정 가치 있는 삶입니다."

결국에는 선하고 의로운 자가 승리합니다. 축복을 받습니다. 악인을 부러워하지 맙시다. 부러우면 이미 진 것입니다. 악한 자의 형통을 부러워하지 말고 하나님을 의지하고 살아가는 그리스도인이 되시기를 바랍니다.

Application

선하고 의로운 자가 결국 승리합니다.
악한 자의 형통을 부러워하지 말고
하나님을 의지하고 살아가는
그리스도인이 되시기를 바랍니다.

º 내가 살아오면서 깊이 깨달았던 하나님의 성품은 무엇입니까?
  또한 그 하나님 안에서 스스로의 모습을 어떻게 느끼고 있습니까?

º 돈과 힘을 의지하여 살아가는 세상 사람들을 부러워하지 말고 오직 의인을 승리하게 하시는 공의의 하나님을 믿음으로 바라보며 오늘 하루를 살아갑시다.

⁴주의 대적이 주의 회중 가운데에서 떠들며 자기들의 깃발을 세워 표적으로 삼았으니 ⁵그들은 마치 도끼를 들어 삼림을 베는 사람 같으니이다 ⁶이제 그들이 도끼와 철퇴로 성소의 모든 조각품을 쳐서 부수고 ⁷주의 성소를 불사르며 주의 이름이 계신 곳을 더럽혀 땅에 엎었나이다 ¹하나님이여 이방 나라들이 주의 기업의 땅에 들어와서 주의 성전을 더럽히고 예루살렘이 돌무더기가 되게 하였나이다 ²그들이 주의 종들의 시체를 공중의 새에게 밥으로, 주의 성도들의 육체를 땅의 짐승에게 주며 ³그들의 피를 예루살렘 사방에 물같이 흘렸으나 그들을 매장하는 자가 없었나이다 ⁴우리는 우리 이웃에게 비방거리가 되며 우리를 에워싼 자에게 조소와 조롱거리가 되었나이다

주의 성소를 불사르며 더럽혔습니다

『 시편 74 : 4~7, 79 : 1~4 』

―― *Meditation*

    터키의 이스탄불에 가면 성 소피아 성당이 있는데, 이 성당의 현재 이름은 성소피아 박물관입니다. 가서 볼 때마다 마음이 착잡하고 답답합니다. 최초에는 교회로 지어졌는데 로마에 성 베드로 성당이 건립되기 전까지는 규모로는 세계 최대를 자랑했습니다. 비잔틴 건축의 최고 걸작으로 손꼽히는

건축물입니다. 로마의 황제 콘스탄티누스가 '새로운 도시의 큰 사원'으로 325년에 창건하여 유스티니아누스 황제의 명에 의하여 532년부터 537년까지 개축하였습니다. 1453년, 터키를 지배한 오스만 제국이 이 성당을 모스크로 만들어 모스크의 상징인 높은 탑인 미너렛을 세우고 내부에는 코란으로 문양을 새겼습니다. 그리고는 성모 마리아의 모자이크를 회칠하여 보이지 않게 하였습니다. 요즘에는 관광지의 하나로 전락해 버리고 말았습니다.

대한민국 국회는 인분투척사건으로(1966), 전기톱 사건으로(2007), 대형 해머 사건으로(2008), 최루탄 사건으로(2011) 더러워졌지만 이것으로 국회가 더러워지는 것은 아닙니다. 더 심각하게 더러워진 것은 국회가 이성을 잃었다는 점입니다. 국회의원 배지를 달기가 부끄러워졌다는 것입니다.

마태복음 15 : 19~20 상반절에는 "마음에서 나오는 것은 악한 생각과 살인과 간음과 음란과 도둑질과 거짓 증언과 비방이니 이런 것들이 사람을 더럽게 하는 것이요"라고 합니다. 먼지나, 흙탕물이나, 오염된 공기가 더러운 것이 아닙니다.

교회를 더럽게 하는 것 역시 먼지나, 흙이 묻은 발이나, 공기가 아닙니다. 상실한 마음이며, 부정직이며, 하나님을 떠남이 교회를 더럽게 하는 것입니다. 교회는 불을 질러도 없어지지 않습니다. 흙탕물을 뿌려도 더러워지지 않습니다. 우리의 마음이 부패하고, 정직하지 않고, 공의를 버리고, 정욕을 좇아가고, 영혼이 타락하면 교회는 급속도로 더러워지는 것입니다.

첫째, 주의 성소를 불사르며 더럽힌 자는 누구입니까?

4절에는 "주의 대적이 주의 회중 가운데에서 떠들며 자기들의 깃발을 세워 표적으로 삼았으니"라고 합니다. 주의 대적이 주의 성소를 불사르고 더럽혔습니다. '주의 대적'이란 예루살렘에 와서 성전을 파괴하는 행위를 일

삼던 바벨론 군대를 일컫습니다. 이는 하나님을 알지 못하는 자들의 방자함을 고발하는 말입니다. '회중'이란 지정된 모임이나 지정된 장소, 즉 성소나 회막을 의미합니다.

바벨론 군대는 바벨론 신, 마르둑이 이스라엘 신, 여호와를 이겼다고 사자가 포효하듯 소리치며 자만하던 자들입니다. 여호와의 성전을 파괴한 것은 이스라엘을 정복한 그 자체를 의미합니다. 왜냐하면 이스라엘에게는 성전이 가장 중요한 삶의 중심이기 때문입니다.

느부갓네살 왕의 군대 장관인 느부사라단과 벨사살 왕이 성전을 짓밟고, 성전의 그릇을 가져다가 궁중에서 술잔으로 사용하였습니다. 방자하고 무례하기 짝이 없는 일을 서슴지 않고 자행하였던 자들입니다. 가장 거룩한 것을 더럽게 만드는 자들이었습니다. 성전을 불사르고 더럽힌 역사적 사건입니다. 이것은 하나님께 대한 가장 큰 모독입니다.

우리나라에서도 이런 일이 있었습니다. 경기도 화성에 가면 제암리교회가 있습니다. 일제의 군인들이 1919년 4월 15일, 23명의 교인들을 교회 안에 둔 채 밖에서 문에 못질을 하고 불을 질러 다 죽였습니다. 교회를 모독하고 성도를 죽였지만 그렇게 했다고 해서 교회가 더러워지지 않습니다. 지금은 더 아름답게 교회를 재건하였습니다.

미국의 어느 목사님이 코란을 불태웠다고 하여 아프가니스탄 사람들이 분노하여 난동을 부리고 아프가니스탄에 주둔하는 미군에 대한 보복으로 여러 군인이 죽었습니다. 오바마 미국 대통령이 서둘러 사과했지만 분노가 가라앉지 않았습니다. 그들의 신인 알라를 모독했다고 생각했기 때문입니다. 하물며 하나님의 전에 대한 방자와 무례함을 하나님이 그냥 두시지 않습니다.

하나님은 이런 방자함에 대하여 보복하십니다. 이스라엘을 괴롭혔던 바벨론, 바사, 헬라, 로마에 대하여 하나님은 똑같이 보복하시고 하나님께 대한 모독을 참지 않으셨습니다.

둘째, 주의 성소는 어떤 곳입니까?

7절에는 "주의 성소를 불사르며 주의 이름이 계신 곳을 더럽혀 땅에 엎었나이다"라고 합니다. 주의 성소는 '주의 이름이 계신 곳'입니다. 주의 이름이 계신 곳이란 하나님이 임재하시는 자리입니다. 하나님이 백성들과 교제하시는 장소 곧 성전을 가리킵니다.

이름은 그 사람을 의미합니다. 모든 사람의 이름은 존귀하게 불려야 합니다. 왜냐하면 모든 사람이 존귀하기 때문입니다. 특히 하나님의 이름을 함부로 불러서는 안 됩니다. 하나님은 하나님의 이름을 "망령되게 부르지 말라."고 하십니다. 이것은 곧 하나님을 망령되게 하지 말라는 뜻입니다.

우리 전통에는 윗사람이나 어른의 이름을 함부로 부르지 말라고 합니다. 그래서 부모님의 성함을 부를 때는 "무슨 자 무슨 자 쓰십니다."라고 정중하게 표현했습니다. 이름을 잘못 부르면 부모님께 누가 되기 때문입니다.

사도행전 2 : 21, 로마서 10 : 13에는 "누구든지 주의 이름을 부르는 자는 구원을 받으리라"고 합니다. 복음성가에도 "주의 이름을 부르는 자는 구원을 얻으리로다"라는 노래가 있습니다. 주의 이름에는 구원이 있습니다. 주의 이름 외에 구원을 받을 만한 이름을 주신 일이 없습니다. 이런 주님의 이름이 하나님의 성전에 가득하다고 합니다.

나라 이름에 사람의 이름을 딴 나라가 있습니다. 필리핀은 333년 동안 스페인의 통치를 받았습니다. 그래서 스페인 왕 필립 2세의 이름을 따서 필리핀이라는 국명을 지었습니다. 아메리카라는 이름도 아메리카 대륙을 처음 발견한 아메리코 베스푸치라는 사람의 이름을 따서 지었습니다.

사람의 이름 딴 회사, 빌딩, 학교, 상품 등이 많이 있습니다. 사람의 이름을 딴 도시, 산, 호수, 다리 등도 많이 있습니다. 영국의 지배를 받던 나라에 가 보면 '빅토리아'라는 이름이 아주 많습니다. 빅토리아 여왕의 치적을 기려서 만든 이름입니다. 그러나 교회는 어떤 교회이든, 어떤 이름을 붙였든, 실제 주인은 하나님이십니다. 모든 교회가 하나님의 교회입니다. 편의적인 인본주의에서 어느 교회를 말할 때 '아무개 교회', '아무개 목사 교회'라고 하는데, 무슨 뜻인지는 알지만 사실은 틀린 말입니다. 그렇게 불러서는 안 됩니다. 주님의 교회는 주님의 이름만이 가득한 교회입니다. 사람의 이름으로 부를 교회가 아닙니다.

시편 52 : 9에는 "주께서 이를 행하셨으므로 내가 영원히 주께 감사하고 주의 이름이 선하시므로 주의 성도 앞에서 내가 주의 이름을 사모하리이다" 라고 합니다. 주의 이름을 높이 부르고 주의 이름을 사모하는 교회가 되기를 바랍니다.

'대자사크'라는 칭기즈칸의 법령이 있습니다. 그것의 물의 관한 규정으로, 함께 마시는 물을 더럽힌 자를 처벌하도록 되어 있습니다. 물에 소변을 봐서는 안 되며, 물에 손을 담가서는 안 된다고 합니다. 물을 쓸 때는 반드시 그릇으로 퍼서 써야 하며, 옷은 완전히 너덜너덜해지기 전까지는 빨아서는 안 된다고 합니다.

물이 귀한 나라가 되어 물을 성스럽게 생각하여 물을 더럽히지 말라고 한 것입니다. 물이 귀하고 물이 성스럽다고 이렇게까지 했는데, 하물며 우리 하나님의 전과 이름은 우리가 어떻게 대해야 하겠습니까? 하나님의 전, 하나님의 이름을 더럽히지 않는 그리스도인이 되어 교회를 영화롭게 하는 착한 그리스도인이 되기를 바랍니다.

Application

하나님의 전, 하나님의 이름을 더럽히지 않는
그리스도인이 되어 교회를 영화롭게 하는
그리스도인이 되기를 바랍니다.

° 나는 예배에 대한 식은 열정, 남모르게 짓는 죄, 공동체에 대한 부정직 등으로 교회를 더럽히고 있지는 않습니까?
자신의 모습을 점검해 봅시다.

° 예배를 방해하는 대적은 무엇입니까? (주위의 사람, 특정한 문제 등)
대적들 속에서도 오직 주님만을 예배할 수 있도록 주님의 도우심을 구하며 기도합시다.

⁶⁵그때에 주께서 잠에서 깨어난 것처럼, 포도주를 마시고 고함치는 용사처럼 일어나사 ⁶⁶그의 대적들을 쳐 물리쳐서 영원히 그들에게 욕되게 하셨도다 ⁶⁷또 요셉의 장막을 버리시며 에브라임 지파를 택하지 아니하시고 ⁶⁸오직 유다 지파와 그가 사랑하시는 시온 산을 택하시며 ⁶⁹그의 성소를 산의 높음같이, 영원히 두신 땅같이 지으셨도다

성소를
산 처 럼 높 게
지 으 셨 습 니 다

『 시편 78 : 65~69 』

Meditation

주후 313년에 콘스탄티누스 황제에 의해 기독교가 공인되었습니다. 그 동안 지하에 숨어 있던 교회가 외부세계로 드러나게 되고, 종탑이 높이 올라가 그 끝에 십자가를 달아 교회가 높아졌습니다.

로마의 대성모 성당은 14세기에 그레고리오 11세가 건축하였는데, 가장

웅장한 성당으로 지었습니다. 로마에서 가장 높은 종탑을 가지고 있다고 합니다. 이탈리아의 피렌체에 있는 두오모 성당도 종탑이 높고 아름답기로 이름이 나 있습니다. 교회의 종탑을 높이 올린 까닭은 하늘 높이 계신 하나님께 대한 신앙의 표현입니다. 하나님을 높이려고 종탑을 높인 것입니다.

사도행전 7 : 48에는 "지극히 높으신 이는 손으로 지은 곳에 계시지 아니하시나니"라고 합니다. 교회의 종탑을 높게 세우고 사람들 스스로가 높아진 교회들이 많습니다. 건축한 사람이 높아지고, 교황이 높아지고, 교회가 너무 높아져 하나님을 높이지 못한 교회가 많습니다. 중세교회가 바로 그러했습니다. 그러나 우리에게 높아져야 할 것은 주님의 성소뿐입니다.

이사야 6 : 1에는 "웃시야 왕이 죽던 해에 내가 본즉 주께서 높이 들린 보좌에 앉으셨는데"라고 합니다. 하나님은 높은 보좌에 앉아 계십니다. 성전은 높아야 하는 것은 당연한 것입니다. 높으신 주님이시며 하늘 위에 계신 주님이십니다. 하나님은 높이 계신 성채이시며, 산성이십니다. 그러므로 우리에게 가장 높은 것은 주님의 성소입니다. 성전입니다. 우리 교회가 가장 높은 곳입니다.

첫째, 하나님의 성소는 첫 번째로 무엇과 같이 지으셨습니까?

69절 상반절에는 "그의 성소를 산의 높음같이"라고 합니다. 하나님의 성소를 산의 높음같이 지었습니다. 이는 성소가 실제로 높기도 하지만 성소가 높은 하늘과 같이 영구하다는 것을 암시합니다. 법궤가 돌아와 임시로 지었던 실로의 성막처럼 없어지는 성소가 아니라 견고한 터라는 말입니다.

60절에는 "사람 가운데 세우신 장막 곧 실로의 성막을 떠나시고"라고 합니다. 실로의 성막은 얼마 후에 없어지고 다시 견고한 성전을 건축할 것이므로 하나님의 성전은 잠시 있을 성막이 아니라 견고하고 영원히 존속할 성소입니다.

산은 기후와 풍토와 생활습관과 인간의 언어와 인간의 사상이 달라지게 합니다. 산이 가로막혀 있으면 산 너머에 사는 사람들과는 전혀 다른 삶을 살게 됩니다. 에베레스트를 세계 최초로 등정하였다는 힐러리 경은 왜 산에 올라가느냐는 물음에 "산이 있기 때문이다."라고 하였습니다. 산은 인간의 삶에서 중요한 역할을 합니다.

산과 성소는 밀접한 관련이 있습니다. 성경의 산은 하나님이 계시는 곳이자 하나님을 만나는 곳입니다. 하나님의 임재의 자리입니다. 그래서 산은 하나님이 계실 성소의 자리로 적합한 곳입니다.

모세에게 산은 하나님의 부르심의 장소였습니다. 하나님의 산에서 모세는 처음 부르심을 받고, 십계명을 받고, 성막모형을 받았습니다. 엘리야에게 산은 하나님이 살아 계심을 확인하는 신앙 확인의 장소였습니다. 그는 갈멜산에서 바알 선지자들과 영적 싸움을 하여 야훼가 하나님이신 것을 증명하였습니다. 엘리야는 하나님의 종임을 확인하였습니다. 하나님은 산에서 응답으로 비를 내리게 하심으로 인간의 문제를 해결하셨습니다. 예수님께도 산은 중요한 의미를 가지고 있습니다. 예수님은 산에서 기도하기를 즐겨하셨고, 산에서 기도하신 후에 열두 제자를 택하셨고, 산에 올라가 변화하셨습니다. 변화산은 예수님의 수난 예고 가운데 가장 중요한 것을 구약의 대표자인 모세, 엘리야와 의논하신 산입니다. 왜 예수님께서 산에서 변화되셨을까요? 산은 가장 거룩한 장소이기 때문입니다.

노드롭 프라이는 헬라의 문화는 누드 조각과 드라마라는 두 가지 강력한 시각적 요소를 중심으로 회전한다고 주장하였습니다. 반면에 기독교 문화는 두 가지 청각적인 요소를 중심으로 회전합니다. 눈에 보이지 않는 하나님께서 시내 산에서 모세와 백성에게 말씀하시고, 그 말씀이 예수 그리스도 안에서 육신이 되었습니다. 히브리인들과 크리스천들은 신상들을 배격하고 연극을 만들어 내지 않았습니다. 우리 그리스도인들이 관심을 가지는 것은 산에서 들려주시는 하나님의 음성, 하나님의 말씀입니다.

둘째, 하나님의 성소는 두 번째로 무엇과 같이 지으셨습니까?

69절 하반절에는 "영원히 두신 땅같이 지으셨도다"라고 합니다. 하나님의 성소는 영원히 두신 땅과 같이 지으셨습니다. 절대로 흔들리지 않는 견고한 땅입니다. 그러므로 성소 역시 견고합니다.

우리가 사는 땅은 견고하지 못합니다. 불안정합니다. 2008년 5월 중국 쓰촨 성에서 강도 7.9의 지진이 일어났습니다. 2010년 1월에는 중미 아이티에 강도 7.0의 지진이 일어났습니다. 그해에는 칠레 콘셉시온에 강도 8.8의 지진이 일어났습니다. 2011년 3월에는 일본에서 엄청난 지진과 쓰나미로 인명과 재산에 큰 피해를 입었습니다. 2011년 10월에는 강도 7.2의 지진이 터키 동부에서 일어났습니다. 뿐만 아닙니다. 몇 해 전 유럽 아이슬란드의 화산은 보름 동안 유럽 항공기들의 발을 묶었습니다.

땅이 흔들리면 사회가 불안할 수밖에 없습니다. 1923년 일본의 관동 대지진은 많은 피해를 주었고, 일본은 관심을 다른 데로 돌리기 위하여 재일동포에게 원인을 뒤집어씌워 6,000여 명을 학살하였습니다.

하지만 성소의 땅은 다릅니다. 예수님의 '씨 뿌리는 비유'에는 길가에 뿌려진 씨, 돌밭에 뿌려진 씨, 가시떨기에 뿌려진 씨, 좋은 땅에 뿌려진 씨가 있습니다. 그중에서 결실하는 것은 좋은 땅에 뿌려진 씨입니다. 아무리 똑같은 씨라고 하더라도 어디에 떨어졌느냐에 따라 전혀 다른 열매가 맺힙니다. 열매 있는 땅이 성소의 자리입니다.

시편 82 : 5에는 "그들은 알지도 못하고 깨닫지도 못하여 흑암 중에 왕래하니 땅의 모든 터가 흔들리도다"라고 합니다. 땅의 터가 흔들리는 까닭이 무엇입니까? 백성들이 흑암 중에 왕래하기 때문입니다. 하나님은 밝음이

시기 때문에 하나님 안에 있으면 흔들리지 않습니다.

시편 93 : 1 "여호와께서 다스리시니 스스로 권위를 입으셨도다 여호와께서 능력의 옷을 입으시며 띠를 띠셨으므로 세계도 견고히 서서 흔들리지 아니하는도다"라고 합니다. 하나님의 성소는 인간의 불의, 흑암으로 흔들리는 땅이 아니라 견고히 서서 흔들리지 않는 땅입니다. 이런 견고한 자리가 하나님의 성소의 자리입니다.

모든 교회는 반석교회여야 합니다. 그런데 하나님의 교회가 견고하지 못하고 흔들리는 교회가 많습니다.

예레미야 7 : 4에는 "너희는 이것이 여호와의 성전이라, 여호와의 성전이라, 여호와의 성전이라 하는 거짓말을 믿지 말라"고 합니다. 왜 성전이라고 하는 거짓말을 믿지 말라고 합니까? 길과 행위를 바르게 하지 않고 정의를 행하지 않으면서 성전이라고 하는 것은 거짓이기 때문입니다.

우리 교회가 흑암 위에서 흔들리는 교회가 아니라 견고하여 흔들리지 않는 교회가 되고, 든든한 여호와의 성전이 되기를 바랍니다. 높은 산 위에 서서 세상이 깔보지 못하는 교회, 영원한 땅 위에 세워진 교회가 되기를 바랍니다. 세상에 아무리 심한 바람이 불고 땅이 요동한다고 하더라도 견고하여 흔들리지 않는 우리 교회가 되기를 바랍니다.

Application

우리가 높은 산 위에 서서
세상이 깔보지 못하는 교회,
영원한 땅 위에 세워진 교회가 되기를 바랍니다.

- 높은 산 위에 세워진 성소와 같이 튼튼하고 칭송받는 교회가 되기 위해서 회복해야 할 것은 무엇인지 생각해 봅시다.

- 영원한 땅 위에 세워진 교회와 같이 안정적인 공동체가 되기 위해서 회복해야 할 것은 무엇인지 생각해 봅시다.

°**주의 집**에 사는 자들은 복이 있나니 그들이 항상 주를 찬송하리이다 °이는 여호 **주의 집**에 합당하니 여호와는 영원무궁하시리이다 °존귀와 위엄이 그의 앞에 있으며 °유다는 **여호와의 성소**가 되고 이스라엘은 그의 영토가 되었도다 °예루살렘아,

°4주

Church of the Psalms

집에 심겼음이여 우리 하나님의 뜰 안에서 번성하리로다 °여호와여 주의 증거들이 매우 확실하고 거룩함이
름다움이 그의 **성소**에 있도다 °여호와께서 그의 높은 **성소**에서 굽어보시며 하늘에서 땅을 살펴 보셨으니
데에서 곧 **여호와의 성전** 뜰에서 지키리로다 할렐루야

¹만군의 여호와여 주의 장막이 어찌 그리 사랑스러운지요 ²내 영혼이 여호와의 궁정을 사모하여 쇠약함이여 내 마음과 육체가 살아 계시는 하나님께 부르짖나이다 ³나의 왕, 나의 하나님, 만군의 여호와여 주의 제단에서 참새도 제 집을 얻고 제비도 새끼 둘 보금자리를 얻었나이다 ⁴주의 집에 사는 자들은 복이 있나니 그들이 항상 주를 찬송하리이다(셀라)

주의 집에 사는 자들은 복이 있습니다

『 시편 84 : 1~4 』

Meditation

어느 임금님이 몹쓸 병에 걸려 시름시름 앓기 시작했습니다. 어의는 한 가지 비방을 내리기를, 세상에서 가장 행복한 사람의 속옷을 입으면 낫게 될 것이라고 하였습니다. 그래서 모든 신하들이 세상에서 가장 행복한 사람을 찾아 나섰는데, 뜻밖에 열두 칸 대저택에 사는 사람도 행복하지 않았습니다.

만석꾼 부잣집에 사는 사람도 행복하지 않았습니다. 그런데 하루는 어떤 신하가 작은 시골 마을에 들어가 웃음소리가 넘쳐 나는 집을 발견했습니다. 담을 넘어 안을 들여다보니 그 가족들은 너무 행복해 보였습니다. 신하는 그 집에 들어가서 임금님의 사정 이야기를 다 해 준 다음에 속옷을 내놓으라고 하였습니다. 그런데 그 집 주인은 계속해서 안 된다고 거절하였습니다. 아무리 설득해도 말로는 되지 않자 신하는 주인에게 칼을 들이대고 옷을 벗으라고 하였습니다. 그 주인의 옷을 강제로 벗기고 보니 속옷을 입고 있지 않았습니다. 너무 가난해서 속옷을 입지 못하고 있었던 것입니다.

소유가 곧 복이라고 하는 착각은 누구나 다 가지고 있습니다. 그런데 복은 소유가 아니라 존재에서 옵니다. 하나님을 소유하는 것이 가장 큰 복이니, 소유가 곧 복이라는 말이 맞을 수 있습니다. 단, 우리가 흔히 말하는 의미의 소유가 아니라 하나님을 소유하는 것을 뜻합니다. 그러나 엄밀히 따지고 보면 하나님 소유는 소유가 아니라 존재입니다.

바닷가나, 호숫가나, 강가에 있는 아름다운 별장 같은 집에 살면 얼마나 좋을까요? 그러나 매일 그런 곳에 살면 병이 납니다. 정신병에 걸릴 위험까지 있습니다. 노인들은 절대 그런 집에 살지 말아야 합니다. 주위의 아름다운 풍광이 행복을 정하는 기준이 아닙니다. 주님이 계시는 집이 좋은 곳입니다.

오늘의 본문 말씀은 시편 가운데에서 성전을 가장 다양하게 표현한 장입니다. 성전을 주의 장막이라고 하고, 여호와의 궁정이라고 하고, 주의 제단이라고 하고, 주의 집이라고 하고, 주의 궁정이라고 하고, 하나님의 성전이라고 합니다. 시편 84편만큼 주의 전을 잘 묘사한 시는 없습니다.

어떤 이는 "목사님 같은 남편과 사는 사람은 얼마나 좋을까요?"라고 하는데, 한번 살아 보면 생각만큼 좋지 못할 것입니다. 사람은 다 거기에서 거기입니다. 주님과 함께, 주의 집에 사는 것이 아니면 어디나 거기가 거기일 뿐입니다. 이 세상에는 우리가 기대하는 완전한 복은 있을 수 없습니다.

첫째, 어디에 사는 자들이 복이 있습니까?

　4절에는 "주의 집에 사는 자들은 복이 있나니"라고 합니다. 주의 집에 사는 자들이 복이 있습니다. 주의 집에서 무엇을 얻기 때문이 아니라 주의 집에 사는 그 자체가 복입니다. 1절에는 "어찌 그리 사랑스러운지요"라는 말이 있습니다. 사랑스러운 집에 사는 자가 복이 있습니다. 2절에는 "여호와의 궁정을 사모하여"라고 합니다. 사모하는 집에 사는 자가 복이 있습니다. 3절에는 "참새도 제 집을 얻고 제비도 새끼 둘 보금자리를 얻었나이다"라고 합니다. 이런 보금자리를 가진 자가 복이 있습니다.

　"주의 집에 사는 자"는 좁게는 하나님의 성전에 거하여 봉사하는 제사장들과 찬송하는 레위인들과 성전 문지기 역할을 하는 고라 자손을 의미합니다. 넓게는 성전에 들어가 하나님을 경배하는 특권을 지닌 모든 자를 의미합니다.

　스코틀랜드의 왕이 어떤 사람에게 하늘나라에 가기를 기대하느냐는 질문을 하였습니다. 그는 즉각적으로 대답하였습니다. "각하, 저는 이미 그곳에서 살고 있습니다." 그는 그리스도의 생명의 실재를 소유했기 때문에 이미 하늘나라의 사람이 된 것을 확신하고 있었습니다. 주의 집에 사는 기쁨도 이러한 기쁨일 것입니다. 아니 이와 비교할 수 없는 기쁨이 있을 것입니다. 이미 하나님의 나라에 살며 소유한 기쁨은 이루 말할 수 없을 것입니다.

　우리 교회 안에서 늘 섬기고 수고하는 교역자와 직원과 우리 교회 기관의 직원들이 대단히 많습니다. 이들이 정말 복 있는 자들입니다. 교회 안에서 살며 섬길 수 있는 것이 얼마나 큰 복인지 모릅니다. 저는 저를 비롯한 교회의 모든 교역자와 직원들이 복 있는 자라는 것을 알게 해 주시기를 바라며 늘 기도하고 있습니다. 사실은 교역자와 직원들뿐만 아니라 교회에 와서 예배하고 교회를 사랑하는 모든 성도가 복이 있는 사람들입니다.

둘째, 주의 집에 사는 자들이 왜 복이 있습니까?

4절에는 "그들이 항상 주를 찬송하리이다"라고 합니다. 주의 집에 사는 자들은 항상 주를 찬송하니 복이 있습니다. 항상 주의 집에서 찬송하며 산다면 얼마나 행복하겠습니까? 세상 걱정할 것 없이 찬송만 하고 살 수 있다면 정말 행복할 것입니다.

입이 하는 일이 여러 가지가 있습니다. 첫째는 먹는 일을 합니다. 둘째는 말하는 일을 합니다. 셋째는 숨 쉬는 일을 합니다. 넷째는 입을 맞추는 일을 합니다. 다섯째는 찬송하는 일을 합니다. 첫째부터 넷째까지는 다 자신을 위해 하는 일입니다. 그런데 다섯째는 자신이 아니라 하나님을 위해 하는 일입니다. 자신을 위해서가 아니라 주님을 위할 때 기쁨이 있고 복이 됩니다.

찬송은 기쁨이 있고, 영광을 돌리게 하고, 감사하게 합니다. 찬송에 원망이 있고 불평이 있는 것을 보았습니까? 찬송은 원망과 불평이 없습니다. 그렇기 때문에 찬송은 복이 되고, 또한 복을 가져옵니다.

예수님이 탄생하실 때 천사들이 찬송하였습니다. 목자들은 아기 예수님을 만나고 돌아가면서 찬송하였습니다(눅 2장). 바울이 복음을 전할 때에 이방인들도 복음을 받으니 찬송하였습니다(행 13장). 야고보는 고난을 당할 때는 기도하고, 즐거울 때는 찬송하라고 합니다(약 5장). 찬송은 사람에게 무한한 복을 가져옵니다.

천사들은 여러 가지 역할을 합니다. 첫째는 하나님의 말씀을 전달하는 메신저 역할을 하는데, 이 천사의 장이 가브리엘입니다. 둘째는 하나님의 백성을 위하여 전쟁하는 군대 역할을 하는데, 이 천사의 장이 미가엘입니다. 셋째는 하나님을 위하여 노래하는 역할을 하는데, 이 천사의 장이 라파엘입니다. 그런데 중요한 것은 메신저이든, 군대이든 천사가 하는 공동의 역할은 찬송하는 역할이라는 것입니다. 천사들은 모두가 하나님의 나라의 가수입니다.

사도행전 16 : 25에는 "한밤중에 바울과 실라가 기도하고 하나님을 찬송하매 죄수들이 듣더라"고 합니다. 바울과 실라가 기도하는 가운데 기적이 일어난 것입니다. 찬양은 하나님께 드리는 것이므로 사람이 알 수 없는 기적이 찬양을 통하여 일어납니다.

우리가 즐겨 부르는 찬송 가운데 이런 좋은 가사가 있습니다. "높은 산이 거친 들이 초막이나 궁궐이나 내 주 예수 모신 곳이 그 어디나 하늘나라" 이런 고백이 우리 모두의 고백이 되고, 찬송이 되기를 바랍니다. 이 찬송이 우리 모든 가정의 주제가가 되었으면 좋겠습니다.

스베덴보리의 「위대한 선물」이란 책에는 이런 이야기가 있습니다. 천국은 자기가 평생 하고 싶은 일을 하는 곳입니다. 그 역할을 '쓰임새' 라고 합니다. 천국에서 할 일이 없는 사람은 한 사람도 없습니다. 그들은 모두 쓰임새를 통해 기쁨을 찾고 보람을 찾습니다. 천국에서는 실직자 역시 한 사람도 없습니다. 그런데 그 모든 일들 가운데 가장 쉽고 가장 중요한 일은 바로 하나님께 영광이 되는 찬송을 하는 일입니다.

주의 집에 사는 우리 모두는 복이 있는 사람입니다. 찬송하는 우리 모두는 복이 있는 사람입니다. 우리 교회에 오면 누구나 복 있는 사람이 되는 복의 교회가 되기를 바랍니다. 우리 교회가 항상 찬송하는 복이 있는 교회가 되기를 바랍니다. 여러분, 행복합니까? 우리 성도가 복이 있는 성도입니다. 우리 교회가 하나님이 계시는 복이 있는 교회입니다. 우리 교회에서 모두 이 복을 누리고 살 수 있기를 바랍니다.

Application

주의 집에 사는 우리 모두는 복이 있는 사람입니다.
찬송하는 우리 모두는 복이 있는 사람입니다.
우리 교회에 오면 누구나 복 있는 사람이 되는
복의 교회가 되기를 바랍니다.

° 진정한 복을 얻는 길은 내가 무언가를 소유하는 것이 아니라 내가 어떤 존재가 되느냐에 있습니다.
물질, 인정, 능력, 정욕 등을 소유하려고 하기보다 '나의 마음에 하나님을 소유하는 존재'가 되기를 소망합시다.

° 나의 삶에서 찬양을 잃어버리지는 않았는지 생각해 봅시다.
조건과 환경으로 인한 찬양이 아니라 주님이 나와 함께하신다는 이유만으로 진정한 찬양을 드리는 삶이 회복되도록 기도합시다.

¹²의인은 종려나무같이 번성하며 레바논의 백향목같이 성장하리로다 ¹³이는 여호와의 집에 심겼음이여 우리 하나님의 뜰 안에서 번성하리로다 ¹⁴그는 늙어도 여전히 결실하며 진액이 풍족하고 빛이 청청하니 ¹⁵여호와의 정직하심과 나의 바위 되심과 그에게는 불의가 없음이 선포되리로다

여호와의 집에서 번성합니다

『 시편 92 : 12~15 』

Meditation

웨인 다이어는 "이 세상에는 오리 형과 독수리 형으로 나뉘는 두 부류의 사람들이 있다."라고 하였습니다. 오리는 종일 하는 일 없이 '꽥꽥' 거리고 시끄러운 소리만 내는 반면, 독수리는 묵묵히 자기 일을 하는 사람이라고 하였습니다. 독수리는 사람들 위로 높이 날아다닙니다. 고객 중심의 조직에서

는 독수리 형이 번성하고, 사장을 만족시키기 위한 맹종만이 지배하는 사회에서는 오리 형이 증가합니다. 교회는 오리 형 인간을 필요로 하지 않습니다. 교회는 독수리 형 인간이 필요하고, 이러한 자들이 많아야 합니다. 어느 시대이든 교회가 번성하려면, 여호와의 집이 번성하려면 독수리가 많아야 합니다. 오리가 적어야 합니다. 할 수만 있다면 오리가 아예 없었으면 좋겠습니다. 그래야 가장 좋은 하나님의 집이 됩니다.

번성은 하나님의 축복입니다. 하나님의 약속입니다. 하나님의 명령입니다. 창세기 1 : 28에는 "하나님이 그들에게 복을 주시며 하나님이 그들에게 이르시되 생육하고 번성하여 땅에 충만하라"고 합니다. 창세기 9 : 7에는 "너희는 생육하고 번성하며 땅에 가득하여 그중에서 번성하라 하셨더라"고 합니다. 이스라엘은 하나님의 은혜로 번성한 백성이었습니다. 그들은 애굽에 살게 된 지 4대 만에 출애굽하게 되었습니다. 애굽에 이주할 때는 70명이었던 이스라엘 백성이 출애굽할 때는 60만 명이 되었습니다. 대단히 번성한 백성입니다.

출애굽기 1 : 7에는 "이스라엘 자손은 생육하고 불어나 번성하고 매우 강하여 온 땅에 가득하게 되었더라"라고 합니다. '불어나' (파루)라는 말은 '건강한 나무처럼 결실하다' 라는 뜻입니다. '번성' (이쉬레추)이란 말은 '물고기처럼 꿈틀거리고 우글거린다' 는 뜻입니다. '강하여' (이르부)라는 말은 '기하급수적으로 늘다' 라는 뜻입니다. '가득하게' 라는 말은 측량할 수 없을 만큼 강해지는 것을 뜻합니다. 하나님의 백성은 번성할 이유가 있고, 번성할 책임이 있습니다.

첫째, 의인이 번성한 이유는 무엇입니까?

13절에는 "이는 여호와의 집에 심겼음이여 우리 하나님의 뜰 안에서 번성하리로다"라고 합니다. 의인이 번성한 이유는 여호와의 집에 심겼기 때문입니다. 시편 52 : 8에는 "나는 하나님의 집에 있는 푸른 감람나무 같음이여"라고 합니다. 하나님의 집에 있으면 번성합니다.

성경은 의인을 여호와의 집에 심긴, 그리고 궁전 경내에서 무성하게 자라는 나무에 비유하고 있습니다. 나무가 결실하기 위해서는 아무리 씨가 좋아도 땅이 기름지지 않거나 물 혹은 영양분이 없으면 안 됩니다.

씨 뿌리는 비유에서 씨는 몇 종류입니까? 씨는 한 종류입니다. 땅에 따라서 마르기도 하고 결실하기도 합니다. 60배, 100배 결실의 이유는 무엇입니까? 좋은 땅, 좋은 터 때문에 결실합니다. 의인이 번성한 이유가 무엇입니까? 여호와의 집 때문입니다. 우리는 의인이라고 칭함받았지만 형편없는 사람입니다. 우리는 모두가 죄인입니다. 이런 죄인이 주의 집에 심겨진 것이 다행이고 감사입니다.

여호와의 집의 축복은 삶의 모든 영역의 축복입니다. 영혼의 축복은 말할 것도 없고, 물질적인 축복까지를 일컫습니다. 우리 모두가 하나님의 크신 복을 받기를 바랍니다.

12절에는 종려나무가 등장합니다. 종려나무는 여름 열기와 겨울 냉기에도 연중 내내 푸름을 유지하는 나무입니다. 백향목은 무성한 생산력과 왕성한 힘을 가지고 있습니다. 백향목은 연수로 나이를 세지 않고 세기(century)로 그 나이를 셀 만큼 완벽한 번성을 의미하는 나무입니다. 우리 그리스도인들에게 이런 번성함이 있기를 바랍니다.

둘째, 의인이 번성한 모습이 어떻습니까?

14절에는 "그는 늙어도 여전히 결실하며 진액이 풍족하고 빛이 청청하니"라고 합니다. 의인의 번성한 모습은 늙어도 결실하고, 진액이 풍족하고, 빛이 청청한 것입니다. 대개 늙으면 모양도 없고, 풍족하지도 못하지만 의인은 그렇지 않습니다. 하나님의 사람이 번성하려면 늙어도 결실해야 합니다. 늙어서 더 잘되어야 복이 있는 사람입니다. 젊어서는 아직 그 사람의 가치를 모릅니다. 늙어 봐야 그 사람의 진가를 알 수 있습니다. 의인은 늙어서 진가가 나타난다는 뜻입니다.

늙어서 잘된 성경적 모범이 있습니다. 청년 같은 노년입니다. 신명기 34 : 7에 보면 "모세가 죽을 때 나이 백이십 세였으나 그의 눈이 흐리지 아니하였고 기력이 쇠하지 아니하였더라"라고 합니다. 모세는 120세가 되었지만 청년 같은 건강을 가지고 있었습니다. 복 받은 노년의 삶을 살았습니다.

이스라엘의 성군 다윗도 노년이 아름다운 삶을 살았습니다. 역대상 29 : 28에는 "그가 나이 많아 늙도록 부하고 존귀를 누리다가 죽으매 그의 아들 솔로몬이 대신하여 왕이 되니라"고 합니다. 다윗은 늙었지만 부하고 존귀를 누리는 삶을 살다가 죽었습니다. 여호와의 전을 평생 사모하던 사람의 아름다운 말년을 볼 수 있습니다.

미국 국립노화연구소에서 나오는 "실험 노인학" 저널에는 종교행사에 참석하는 사람은 그렇지 않은 사람보다 사망률이 46%나 낮다고 합니다. 종교를 가지고 믿음으로 사는 사람은 스트레스 면역체계가 강하다고 합니다. 여호와의 집에 심긴 나무처럼 늙어도 결실한다는 말입니다. 예수를 믿고 신앙으로 산다는 것이 얼마나 복되고 복된 일인지 모릅니다.

미국심리학회에서 발행한 "성격과 사회심리학" 저널에 의하면 노화에 대해 긍정적인 생각을 하는 사람들이 노화에 대해 부정적인 생각을 하는 사람보다 평균 7.6년 더 사는 것으로 나타났습니다. 늙는다는 것에 대한 긍정은 내세에 대한 신앙이 있을 때 가능한 일이며 예수를 믿는 사람들에게는 이런 신앙과 긍정이 있습니다.

요즘 우리나라에서는 중년 남성의 젊어지기 운동이 한참입니다. 노화 방지 클리닉이 성업 중이고, 보톡스를 맞고 젊게 보이려고 하는 사람들이 점점 많아집니다. 정말 젊어지고 싶다면 그 비결은 아주 간단합니다. 교회에 와서 열심히 신앙생활을 하면 됩니다. 하나님을 의지하고 믿으면 늙어도 진액이 풍족한 젊은 삶을 살게 되는 법입니다. 가장 멋있는 하나님의 사람들 중에는 늘 최고령 노인들이 빠지지 않습니다. 노아나 아브라함 같은 사람들입니다. 우리 모두가 그런 사람들이 되기를 바랍니다.

우리나라 속담에 "늙은 말이 길을 안다."라는 말이 있습니다. 젊은 말은 힘은 있지만 지혜는 없습니다. 사람이 나이 들면 철이 들고, 경륜과 지혜가 생깁니다. 앙드레 지드는 "아름답게 죽는 것은 간단하다. 그러나 아름답게 늙는다는 것은 매우 어려운 일이다."라고 하였습니다. 앙드레 지드는 아름답게 늙는 비결을 몰라서 그렇게 말한 것입니다. 아름답게 늙고 싶으면 주의 집에 심겨 있으면 됩니다. 주의 집에서 자라면 늘 푸른 잎을 내고 진액이 풍족하여 많은 열매를 맺습니다.

"젊어지는 샘" 혹은 "젊어지는 절구"라는 제목의 이야기가 있습니다. 신비한 절구가 있는데 누구든지 들어가게 되면 다시 20대의 젊은 모습으로 다시 태어납니다. 할아버지, 할머니들이 들어갔다 나올 때는 완전히 젊은 사람이 되어 나오는 것입니다. 그런데 그 절구 입구에는 어떤 사람이 지키고 서서 한 가지를 물어보고 들어가게 합니다. "이 절구에 들어가면 다시 젊어지게 됩니다. 그러나 당신이 젊어서부터 지금까지 당했던 모든 고통도 똑같이 다시 당해야 합니다. 그래도 괜찮으면 들어가세요." 어떤 할머니가 절구 앞에 와서 이 말을 듣고 한참 생각하더니 "나는 그냥 늙은 채로 살래요."라고 하더니 돌아갔다고 합니다. 우리 모두가 늙음의 아름다움과 자유를 누릴 수 있기를 바랍니다. 고린도후서 4 : 16에는 "우리의 겉 사람은 낡아지나 우리의 속사람은 날로 새로워지도다"라고 합니다. 우리 교회가 다시 젊어지는 집이 되기를 바랍니다.

Application

아름답게 늙고 싶으면
주의 집에 심겨 있으면 됩니다.
주의 집에서 자라면
늘 푸른 잎을 내고 진액이 풍족하여 많은 열매를 맺습니다.

○ 하나님께서 나를 번성하게 하셔서 복을 주신 영역이 있습니까?
있다면 그 이유가 무엇일지 오늘 말씀에 비추어 생각해 봅시다.

○ 번성할 수 있게 해 주신 하나님의 은혜를 잊고, 나의 노력과 능력으로 이루어 낸 것이라고 착각했던 부분이 있지는 않습니까?
있다면 겸손히 회개하며 다시 한번 하나님께 감사하는 기도를 드립시다.

¹여호와께서 다스리시니 스스로 권위를 입으셨도다 여호와께서 능력의 옷을 입으시며 띠를 띠셨으므로 세계도 견고히 서서 흔들리지 아니하는도다 ²주의 보좌는 예로부터 견고히 섰으며 주는 영원부터 계셨나이다 ³여호와여 큰물이 소리를 높였고 큰물이 그 소리를 높였으니 큰물이 그 물결을 높이나이다 ⁴높이 계신 여호와의 능력은 많은 물 소리와 바다의 큰 파도보다 크니이다 ⁵여호와여 주의 증거들이 매우 확실하고 거룩함이 주의 집에 합당하니 여호와는 영원무궁하시리이다

거룩함이
주의 집에
합당합니다

『 시편 93 : 1~5 』

Meditation

  애굽에 이주한 야곱의 식구들은 고센이라는 곳에 삶의 터를 얻었습니다. 사실은 애굽 사람들이 목자들을 천하게 여겨 그들과 함께 살 수 없다고 생각해서 멀리 떼어 준 땅입니다. 그러나 그 땅은 하나님의 뜻 가운데 구별하여 따로 떼어 놓은 거룩한 땅이었습니다. 하나님께서 이스라엘 백성들을 출애

굽하게 하실 때에 애굽에 열 가지 재앙을 내리십니다. 애굽 땅 전체가 재앙으로 큰 고통을 당했지만 고센 땅에는 재앙이 없었습니다.

네 번째 재앙인 파리가 들끓었을 때 "그날에 나는 내 백성이 거주하는 고센 땅을 구별하여 그곳에는 파리가 없게 하리니"(출 8 : 22)라고 하셨습니다. "내가 내 백성과 네 백성 사이를 구별하리니 내일 이 표징이 있으리라"(23절)고 하셨습니다. 다섯 번째 재앙인 가축이 돌림병으로 죽음을 당하게 하셨을 때에도 "여호와가 이스라엘의 가축과 애굽의 가축을 구별하리니 이스라엘 자손에게 속한 것은 하나도 죽지 아니하리라"(출 9 : 4)고 하십니다. 일곱 번째 재앙인 우박이 온 애굽 땅에 내려왔을 때도 "이스라엘 자손들이 있는 그곳 고센 땅에는 우박이 없었더라"(출 9 : 26)고 하십니다. 아홉 번째 재앙인 흑암이 온 땅을 삼 일 동안 깜깜하게 하였을 때에도 "온 이스라엘 자손들이 거주하는 곳에는 빛이 있었더라"(출 10 : 23)고 합니다. 열 번째 재앙인 모든 처음 태어난 것을 다 죽게 하셨을 때에도 "내가 피를 볼 때에 너희를 넘어가리니 재앙이 너희에게 내려 멸하지 아니하리라"(출 12 : 13)고 하십니다. 하나님께서 택하신 자들에게 하나님은 거룩함의 특권을 주십니다. 하나님은 하나님의 백성을 무서울 정도로 구별하여 주십니다.

'거룩함' 이란 말은 히브리어로 '카데쉬' 입니다. 이 말은 '나누다' 라는 뜻입니다. '거룩하다' 란 말은 '구분하다', '분리하다', '특별한 용도로 사용하다', '잘라서 떼어 놓다' 라는 뜻을 가지고 있는 아주 독특한 말입니다. '거룩하다' 라는 말의 어원은 '베어 내다' 란 의미를 가진 고대어에서 왔습니다. 표준적인 것들로부터 따로 떨어져 구별되는 것, 탁월하고 비범해지는 것을 말합니다. 거룩함이 주의 집에 합당하다는 말은 특별히 잘라 놓는 마음이 필요하다는 말입니다. 우리의 시간, 재물, 능력 모두를 잘라 떼어 놓는 것이 거룩한 삶입니다. 따로 떼어 놓는 헌금이 거룩한 것입니다.

첫째, 주의 집에 확실한 것이 무엇입니까?

5절에는 "여호와여 주의 증거들이 매우 확실하고"라고 합니다. 주의 집에 주의 증거들이 확실하다는 말입니다. 이 말을 직역하면 "당신의 약속들은 매우 신실합니다."라는 뜻입니다. 1절에는 "여호와께서 다스리시니 스스로 권위를 입으셨도다"라고 합니다. 세계도 견고히 서서 흔들리지 않는다고 합니다. 세계를 통치하시는 하나님은 그분의 나라를 이 땅에 건설하십니다. 하나님은 백성들 가운데 임재하십니다. 하나님은 하나님의 백성을 거룩하게 하십니다.

하나님이 존재한다는 객관적인 증거는 없습니다. 하나님은 결국 보이지 않는 힘입니다. 하나님보다 더 무서운 힘인 듯이 보이는 것도 많습니다. 미국의 토네이도는 엄청난 위력을 가지고 있습니다. 일본의 쓰나미도 무서운 힘을 가지고 있습니다. 인간이 만든 대포나 원자탄보다 더 무서운 힘을 가지고 있습니다. 이런 것이 하나님보다 더 힘이 있다고 하는 것은 착각입니다. 하나님이 존재하지 않으시기 때문에 이런 일이 일어난다는 것은 오해입니다. 하나님이 존재하지 않으신다는 완벽한 증거는 없습니다.

루터의「탁상담화」라는 짧은 글 모음집이 있습니다. 거기에는 이런 말이 있습니다. "우리가 겸손해야 할 수많은, 진정 셀 수 없는 증거들이 우리를 둘러싸고 있음에도 불구하고 인간이 그토록 거만하고 자신만만해 하는 것은 참으로 놀라운 일이다. …… 그렇지만 우리의 마음은 강철과 같이 단단하며 그러한 증거에 어떤 주의도 기울이지 않는다."

하나님이 계시다는 증거는 말할 수 없이 많습니다. 봄이 되면 새싹이 돋고 만물이 다시 소생하게 됩니다. 창조성은 하나님의 영이 지속적으로 인간의 삶 속에 활동하시는 증거라고 합니다. 요한1서 5 : 10에는 "하나님의 아들을 믿는 자는 자기 안에 증거가 있고"라고 합니다. 우리에게는 여호와가 우리 하나님이심을 확인하는 구름 같은 증인들이 있습니다. 헤아릴 수 없는 많은 증거를 가지고 있습니다. 세계 역사와 우리 삶 속에서 드러나는 하나님의 존재에 대한 증거들이 얼마나 많습니까? 수없이 많은 증거들이 있지만 눈이 멀고 귀가 닫힌 사람들은 보고도, 듣고도 믿지 않습니다.

둘째, 주의 집에 합당한 것이 무엇입니까?

5절에는 "거룩함이 주의 집에 합당하니"라고 합니다. 주의 집에는 거룩함이 합당합니다. 주의 집에는 무엇이든 거룩하지 않은 것은 합당하지 않습니다. 거룩함이란 인간 세상에 가장 낯설고 독특한 개념입니다. 하나님만이 온전히 거룩하시기 때문입니다. 세상에서 하나님의 온전하신 거룩함을 기대할 수는 없습니다.

창세기 15 : 10에는 "아브람이 그 모든 것을 가져다가 그 중간을 쪼개고 그 쪼갠 것을 마주 대하여 놓고 그 새는 쪼개지 아니하였으며"라고 합니다. 제사할 짐승을 쪼개었다고 합니다. 왜 이러한 표현을 씁니까? 거룩하다는 말은 '나누다', '쪼개다' 라는 뜻인데, 이는 속된 짐승을 하나님께 거룩하게 하여 드리는 상징입니다.

레위기 12 : 3에는 "여덟째 날에는 그 아이의 포피를 벨 것이요"라고 합니다. 남자아이가 태어난 지 팔 일째 되는 날에 할례하는 것도 마찬가지로 거룩하게 하는 상징입니다. 출애굽기 4장에는 하나님께서 길에서 모세를 만나 죽이려고 하셨습니다. 모세의 아내 십보라는 아들 게르솜의 포피를 베어 던지며 "내 피 남편이다."라고 하였고 여호와께서는 모세를 놓아주셨다고 합니다. 왜 하나님께서 모세를 죽이려고 하셨습니까? 아들의 포피를 자르지 않아 거룩하지 않았기 때문입니다. 거룩하게 하지 않은 모세에 대해 하나님은 진노하신 것입니다.

레위기 11 : 44에서는 "나는 여호와 너희의 하나님이라 내가 거룩하니 너희도 몸을 구별하여 거룩하게 하고 땅에 기는 길짐승으로 말미암아 스스로 더럽히지 말라"고 합니다. 거룩함은 오직 하나님과 같이 되기를 추구하는 것입니다. 크리스천은 하나님을 닮아야 하고, 교회는 하나님의 집을 닮아야 합니다.

애굽에서처럼 파리가 들끓는 더러움이 교회에는 없어야 합니다. 가축의 돌림병이 없어야 합니다. 우박과 같은 자연재해가 없어야 합니다. 흑암과 죽음이 없어야 합니다. 교회는 세상과는 달라야 합니다. 하나님을 모르는 사람들이 당하는 어려움이 교회에는 없어야 합니다.

찬송 242장 5절에는 "거기 죄인 전혀 없으니 거룩한 자뿐이라 주님 주신 면류관 쓰고 거룩한 길 다니리"라는 가사가 있습니다. 하늘나라의 모형인 교회에는 거룩한 자뿐입니다. 교회는 주님이 주시는 면류관을 쓰고 사는 거룩한 곳입니다.

카를로 카레토의 「도시의 광야」에는 모든 곳이 하나님과 만나는 사막이 되어야 한다고 합니다. 하나님을 만나는 장소에 대해서는 걱정하지 마십시오. 모든 곳이 하나님의 '성소'요, 그분이 현존하시는 '성역'이기 때문입니다. 가정이 교회입니다. 직장이 교회입니다. 이 모든 곳이 하나님을 만나고 하나님을 예배하는 우리의 성소입니다.

그리스도인의 삶에서는 사랑과 동시에 하나님의 거룩하심이 드러나야 합니다. 하나님의 거룩하심이 드러나는 것이 그리스도인의 증거입니다. 우리 교회의 전통과 역사, 이것들을 통하여 주님의 증거가 나타나기를 바랍니다. 주님의 십자가와 부활이 확실하게 드러나기를 바랍니다. 우리 성도 한 사람, 한 사람이 작은 교회가 되어 주의 거룩하심이 늘 충만하여 주님의 영광을 드러내기를 간절히 바랍니다.

Application

그리스도인의 삶에서는
사랑과 동시에 하나님의 거룩하심이 드러나야 합니다.
하나님의 거룩하심이 드러나는 것이
그리스도인의 증거입니다.

° 나의 삶 속에서 살아 계신 하나님의 증거들이 나타나고 있는지 생각해 보고, 그런 삶을 살기 위해서 어떤 노력들을 해야 할지 생각해 봅시다.

° 거룩함을 위해서는 물질, 시간, 능력 등을 하나님을 위해 떼어 놓는 구체적인 노력이 필요합니다.
나의 삶에서 가장 미흡한 부분은 무엇이라고 생각합니까?

¹새 노래로 여호와께 노래하라 온 땅이여 여호와께 노래할지어다 ²여호와께 노래하여 그의 이름을 송축하며 그의 구원을 날마다 전파할지어다 ³그의 영광을 백성들 가운데에, 그의 기이한 행적을 만민 가운데에 선포할지어다 ⁴여호와는 위대하시니 지극히 찬양할 것이요 모든 신들보다 경외할 것임이여 ⁵만국의 모든 신들은 우상들이지만 여호와께서는 하늘을 지으셨음이로다 ⁶존귀와 위엄이 그의 앞에 있으며 능력과 아름다움이 그의 성소에 있도다 ⁷만국의 족속들아 영광과 권능을 여호와께 돌릴지어다 여호와께 돌릴지어다

능력과 아름다움이 성소에 있습니다

『 시편 96 : 1~7 』

Meditation

철학자 스피노자는 '공간공포'라는 용어를 만들었습니다. 사람들은 누구나 빈 공간에 대한 두려움을 가지고 있어서 빈 곳만 있으면 채우고 싶어하는 본능을 의미합니다. 채우고 싶은 욕망을 따르다 보면 잘못된 것으로 채우는 경우도 허다합니다. 우상숭배도 잘못된 것으로 채우는 일입니다. 인간은

유일하신 하나님을 제쳐 두고 사람, 사물에게서 육체적, 정서적 욕구를 충족하고 자신에게 만족을 주는 것을 찾으려는 습성을 가지고 있습니다. 돈, 과학, 교육, 연인, 섹스, 권력 혹은 우리 자신을 통해 필요를 채우려는 욕구가 인간에게는 본성적으로 있습니다. 이런 것들이 우상숭배라는 사생아를 낳았습니다. 그리고 나아가서 이런 인간의 본성은 혼합주의라는 좀 더 미묘한 형태를 띠게 됩니다.

파스칼은 인간이 굶주림을 느끼는 이유를 간단명료하게 설명하였습니다. 인간의 마음속에는 하나님만이 채울 수 있는 공간이 있습니다. 다른 어떤 물건이나 사람도 결코 그 공간을 채울 수 없습니다. 그것을 알아야 공간공포에서 벗어나고 행복할 수 있습니다. 너무 채우면 넘치고, 잘못 채우면 비어 있을 때보다 못한 것이 인간입니다. 채우되 바로 채워야 거룩한 법입니다.

하나님의 성소를 무엇으로 채울 수 있습니까? 중세 교회는 성자들의 얼굴, 사람의 모습으로 채워 예수님은 간데없고 사람일 뿐인 성자만 있는 교회가 되었습니다. 성자 아우구스티누스는 "하나님은 우리에게 무언가를 주고 싶어도 주실 수가 없다. 우리 손이 가득 채워져 있기 때문이다."라고 하였습니다. 우리의 교회, 가정, 마음을 인간적인 것으로 채우지 맙시다. 성전은 모름지기 하나님의 능력과 아름다움으로 채워져야 합니다.

첫째, 하나님 앞에 있는 것은 무엇입니까?

6절 상반절에는 "존귀와 위엄이 그의 앞에 있으며"라고 합니다. 하나님 앞에는 존귀와 위엄이 있습니다. 성전에서 나타나고 보이는 것은 바로 하나님의 존귀와 위엄이라는 말입니다. 성전에는 하나님의 존귀와 위엄이 있어야 합니다.

'존귀와 위엄' 이란 '호드 웨 하다르' 라는 히브리말로서 하나님의 왕적 권위를 묘사하는 말입니다. 존귀와 위엄이 하나님께 속한 것이라는 뜻입니다. 존귀와 영광의 진정한 대상은 오직 하나님이십니다. 교회는 하나님 외에는 존귀와 영광의 대상이 없다는 사실을 알고 예배해야 합니다.

교회는 하나님 외에 어떤 존재라도 존귀와 위엄과 영광을 돌리는 대상으로 삼아서는 안 됩니다. 사람을 존귀와 위엄의 대상으로 삼아 존귀와 위엄이 인간에게 노출되게 해서는 안 됩니다.

이사야 6장에는 스랍들이 등장합니다. 스랍들은 여섯 날개를 가지고 있는데 두 날개를 가지고는 얼굴을 가리고, 두 날개를 가지고는 발을 가리고, 두 날개를 가지고는 날며 노래하였습니다. "거룩하다, 거룩하다, 거룩하다, 만군의 여호와여" 하고 노래하였습니다(사 6 : 3). 천사들도 자신의 얼굴과 자신의 더러운 부분을 가리고 하나님의 거룩하심, 하나님의 영광만을 드러냅니다. 자신의 모습을 다 가리고 하나님만을 찬양합니다.

예배할 때에 강단의 예배 인도자가 가운을 입고 예배드리는 것에는 인간적인 모습을 다 가리고 온전히 하나님을 예배한다는 의미가 담겨 있습니다. 최근에는 설교자가 가운을 입지 않는 경우도 많이 보입니다. 찬양대원은 가운을 입어야 하고, 설교자는 가운을 입지 않아도 된다는 것은 예전에 어긋나는 일이라고 봅니다. 예배자는 온전히 자기를 정결케 하고, 자신의 더러운 모든 것을 가리고 예배해야 합니다.

역대상 16 : 27에서는 "존귀와 위엄이 그의 앞에 있으며 능력과 즐거움이 그의 처소에 있도다"라고 합니다. 하나님의 궤가 돌아와 성막에 들어갈 때 다윗이 부른 노래입니다. 하나님께만 존귀와 위엄을 돌리는 거룩한 자세를 갖춘 다윗의 신앙입니다.

"존귀 영광 모든 권세 주님 홀로 받으소서 멸시 천대 십자가는 제가 지고 가오리다" 우리가 자주 부르는 찬송의 가사입니다. 이 가사가 우리의 신앙고백이 되기를 바랍니다. 그런데 오늘날 이 찬송이 "멸시 천대 십자가는 주님 홀로 지소서 존귀 영광 모든 권세 제가 받고 가오리다"라고 변하지는 않앉습니까? 중세 교회의 타락이란 찬양의 고백이 바로 이런 가사로 바뀌었다는 데 있습니다. 교회에서는 어떤 사람이 드러나면 안 됩니다. 하나님만 드러나셔야 합니다. 예배 인도자, 찬양대원, 설교자, 누구도 존귀와 위엄의 대상이 아닙니다. 하나님만이 존귀와 위엄과 영광의 대상이란 사실을 인정해야 올바른 예배입니다.

둘째, 하나님의 성소에 있는 것은 무엇입니까?

6절 하반절에는 "능력과 아름다움이 그의 성소에 있도다"라고 합니다. 하나님의 성소에는 능력과 아름다움이 있습니다. 능력과 아름다움이 성소에 있어야 합니다. 모든 성전을 채우는 것은 하나님의 능력과 아름다움입니다.

'능력과 아름다움'이란 성소를 채울 하나님의 임재를 상징합니다. 하나님의 처소는 능력의 원천입니다. '아름다움'은 하나님의 성전이 감탄을 자아낼 만큼 영광스럽고 아름답게 보이는 곳임을 암시하는 말입니다.

후나이 유키오의 「셀프 매니지먼트」라는 책에서는 인간에게 중요한 능력 네 가지를 소개합니다. 첫째는 정보를 모으는 힘입니다. 둘째는 그 정보를 처리하는 힘입니다. 셋째는 직관력입니다. 그리고 넷째는 창조력입니다. 리더에게 필요한 것은 탁월한 능력보다 정직성입니다. 인간의 능력이란 한계가 있지만 하나님은 그 능력의 한계가 없는 전능하신 하나님이십니다.

우리가 사는 이 시대를 '스펙 시대'라고 합니다. 자격증이 중요하고, 면허증을 중시하고, 경력을 챙기고, 능력을 따집니다. 이렇게 인간은 능력 시대에 살고 있지만 인간의 능력이란 하나님의 능력과는 비교가 될 수 없습니다.

하나님께서는 하나님의 산에 올라와 하나님을 만난 모세에게 그의 손에 있던 지팡이를 던지라고 하십니다. 그 지팡이는 모세 자신의 정체성입니다. 목자로서의 능력이며 기술이며 상징입니다. 모세는 목자로서 타고난 능력이 있었습니다. 그런데 하나님은 그 모든 것을 포기하라고 하십니다. 모세가 지팡이를 던지며 자신의 모든 능력과 경력을 포기하는 그때, 하나님의 능력으로 채우십니다. 그 후에 성경은 모세의 손에 들려진 지팡이가 하나님의 지팡이라고 합니다.

교회는 그러한 하나님의 능력으로 채워져야 합니다. 하나님의 사람은 하나님의 지팡이를 손에 가져야 합니다. 그래야 교회가 능력이 있는 교회가 되고, 그리스도인이 능력 있는 그리스도인이 될 수 있습니다.

교회는 아름다워야 합니다. 그러나 인위적인 아름다움이 아니라 하나님의 아름다움으로 채워 아름다워야 합니다. 교회의 아름다움은 하나님의 영광의 광채입니다. 교회가 오직 하나님께 영광을 돌릴 때에 하나님의 아름다움으로 가득한 교회가 될 것입니다.

토마스 브라운은 바닷가에서 조개를 발견하였습니다. 빈 조개를 줍는 순간 조개 안에 게가 있어 깜짝 놀랐습니다. 조개가 죽자, 게가 조개껍데기 안으로 들어가 자기 집으로 삼은 것입니다. 이렇듯 빈 조개처럼 내 안을 비우면 생명의 하나님으로 채우실 것입니다. 내가 다 채우면 하나님이 채우실 것이 없습니다. "너는 혼자서도 충분하겠구나. 너무 좁고 꽉 찼으니 내 자리는 없겠구나."라고 하나님께서 말씀하실 것입니다. 내 안에 나로 채우지 말고 하나님으로 채우는 지혜가 있기를 바랍니다. 우리 교회가 주의 존귀와 위엄, 능력과 아름다움으로 채워지는 교회가 되기를 바랍니다. 우리 교회가 사람이나 사람의 것으로 채워지지 않기를 바랍니다.

진기하고 아름다운 경관이 있는 곳을 '뷰포인트', '비스타포인트', '전망대'라고 합니다. 우리 교회에 들어오면 진기한 하나님의 존귀와 위엄, 하나님의 능력과 아름다움을 볼 수 있기를 바랍니다. 우리 교회가 하나님의 아름다움을 늘 바라보는 전망대, 뷰포인트가 되기를 바랍니다.

Application

내 안에 나로 채우지 말고
하나님으로 채우는 지혜가 있기를 바랍니다.
우리 교회가 주의 존귀와 위엄, 능력과 아름다움으로 채우는
교회가 되기를 바랍니다.

° 현재 나의 삶의 빈자리를 나는 무엇으로 채우려고 합니까?
하나님 외에 다른 것으로 채우려 했다면 내려놓을 수 있도록 기도합시다.

° 모세가 하나님 앞에서 지팡이를 던졌을 때 하나님의 능력으로 채워졌듯이,
내가 하나님 앞에서 겸손히 내려놓아야 할 것은 무엇인지 생각해 봅시다.

[19]여호와께서 그의 높은 성소에서 굽어보시며 하늘에서 땅을 살펴 보셨으니 [20]이는 갇힌 자의 탄식을 들으시며 죽이기로 정한 자를 해방하사 [21]여호와의 이름을 시온에서, 그 영예를 예루살렘에서 선포하게 하려 하심이라

여호와께서
성소에서
굽어보십니다

『 시편 102 : 19~21 』

Meditation

사람의 눈은 두 개입니다. 왜 두 개일까요? 아무래도 하나이면 이상할 것 같지요? 사람의 눈은 두 개가 있어야 가장 좋다는 것은 하나님의 배려이며 하나님의 뜻일 것입니다. 하나님의 눈은 몇 개일까요? 하나님의 눈은 헤아릴 수 없이 무수합니다. 그런데 성경은 하나님의 눈을 '일곱 개'라고 합

니다. 스가랴 4 : 10에는 "작은 일의 날이라고 멸시하는 자가 누구냐 사람들이 스룹바벨의 손에 다림줄이 있음을 보고 기뻐하리라 이 일곱은 온 세상에 두루 다니는 여호와의 눈이라 하니라"고 합니다. 일곱이란 만수입니다. 하늘의 수인 '3'과 땅의 수인 '4'를 더한 수입니다. 일곱은 꽉 찬 수인데 빈틈이 없는 숫자입니다. 그러므로 이는 하나님의 눈은 빈틈이 없이 꽉 찬 수로서 못 보는 곳이 없다는 은유적 표현입니다.

야누스는 로마 신화에 나오는 성이나 집 따위의 문을 수호하는 신입니다. 앞뒤로 두 개의 얼굴을 가지고 있으며, 두 얼굴을 가지고 양면을 다 볼 수 있기 때문에 전쟁과 평화를 나타내기도 합니다. 로마의 신은 한계가 있습니다. 두 얼굴밖에 없고, 그들이 살펴보지 않는 곳은 전쟁이 난다고 합니다. 하나님은 수없이 많은 얼굴을 가지고 계시고, 안 보이는 곳이 없는 하나님이십니다.

마태복음 6 : 4에는 "은밀한 중에 보시는 너의 아버지"라고 합니다. 하나님은 모든 곳을 다 보십니다. 은밀한 것을 다 보십니다. 그러므로 하나님 몰래 이루어지는 것이 세상에 하나도 없습니다. 하나님은 사람의 중심을 보십니다. 은밀한 것을 보시기에 중심도 보십니다. 사람의 중심이 하나님의 사람에 대한 판단 기준입니다. 하나님의 성소는 온통 하나님의 눈으로 되어 있습니다. 지금도 하나님의 교회는 하나님의 눈으로 가득합니다.

신명기 26 : 15에는 "원하건대 주의 거룩한 처소 하늘에서 보시고"라고 합니다. 이 말씀을 영어성경에는 'from the height of his sanctuary'라고 합니다. "하나님의 성소의 높은 곳에서"라는 말입니다. 높은 곳에 올라가면 잘 보입니다. 이 높고 거룩한 곳에서 하나님은 세상을 굽어보고 계십니다. 이런 높은 하나님의 거룩한 자리가 교회입니다. 교회는 하나님이 사람을 만나시는 만남의 자리입니다. 우리를 만나시려는 하나님의 눈으로 가득한 자리입니다.

첫째, 여호와께서 높은 성소에서 땅을 살펴보시는 이유는 무엇입니까?

20절에는 "이는 갇힌 자의 탄식을 들으시며 죽이기로 정한 자를 해방하사"라고 합니다. 하나님께서 높은 성소에서 갇힌 자의 탄식을 들으며, 죽이기로 정한 자를 해방하시려고 살펴보고 계신다고 합니다. 하나님은 성소에서 탄식을 듣고 계십니다. 죽을 자를 해방하시려고 땅을 살피고 계십니다. 하나님이 듣고 계시다면 탄식도 할 만하지 않겠습니까? 하나님이 해방하신다는데, 죽을 자도 살지 않겠습니까?

'갇힌 자'라는 말은 포로 시대를 암시합니다. 여기서 갇힌 자란 세상에서 갖가지 일로 압박받는 자들을 총체적으로 뜻합니다. 이 땅에서 압박받는 자 모두를 일컫습니다. 소외된 자, 억압받는 자, 임금을 착취당한 자, 세상에서 큰 자에게 눌린 작은 자, 나그네, 학대받는 어린이 등을 말합니다. 일전에도 신문에 보니 13세 소녀가 성폭행을 당하고 실종되었다고 합니다. 시아버지에게 성폭행당하여 노예처럼 사는 며느리도 세상에 다 있습니다. 이런 자를 하나님이 보시고 해방하신다는 말씀이 오늘 본문의 말씀입니다.

출애굽기 22 : 22~23에는 "너는 과부나 고아를 해롭게 하지 말라 네가 만일 그들을 해롭게 하므로 그들이 내게 부르짖으면 내가 반드시 그 부르짖음을 들으리라"고 하십니다. 하나님은 약자의 하나님이십니다. 약자들의 부르짖음을 외면하지 않는 하나님이십니다.

'죽이기로 정한 자'란 문자적으로는 '죽음의 아들들'입니다. 죽음에 처한 포로민의 비참함을 하나님이 보시고 해방하겠다고 하십니다. 이들을 다시 예루살렘으로 돌아가게 하겠다고 하십니다. 모든 시대에 영적으로 죽은 자를 포함하여 죽을 자를 모두 해방하고, 살게 하시려는 것이 하나님의 뜻입니다.

교회는 하나님의 마음, 하나님의 눈으로 세상을 보고, 땅을 꼼꼼히 살펴야 합니다. 소외된 자를 보살펴야 하고, 영혼이 죽은 자를 챙겨야 합니다. 교회는 항상 작은 자들과 약자들의 소리에 민감해야 합니다. 왜냐하면 하나님께서 그 소리를 들으시고, 교회가 그 소리를 듣기를 기대하시기 때문입니다.

교회의 존재 이유가 무엇입니까? 육적으로 약한 자들, 계층적으로 소외된 자들, 영적으로 약한 자들, 영혼이 죽은 자들을 돌보아야 하며, 그들을 건져 구원받게 해야 합니다. 하나님이 살피시는 이 땅이 고침을 받고 하나님의 나라가 되게 해야 합니다.

둘째, 여호와께서 높은 성소에서 선포하시는 것이 무엇입니까?

21절에는 "여호와의 이름을 시온에서, 그 영예를 예루살렘에서 선포하게 하려 하심이라"고 합니다. 여호와께서 높은 성소에서 선포하시는 것은 여호와의 이름과 영예입니다. 하나님은 그 이름과 영예를 선포하여 드러나기를 기대하십니다. '시온'이란 하나님의 자리입니다. '예루살렘'은 거룩한 곳, 성전이 있는 곳입니다. 아브라함이 이삭을 바치던 모리아가 바로 이곳입니다.

여호와의 이름과 영예를 선포하는 것은 하나님의 백성을 보호하시는 하나님의 권능을 기원하며 기대하는 것을 의미합니다. 이스라엘이 포로에서 귀환하며, 길게는 메시야 왕국이 이 땅에 도래할 때에 이방 왕들까지 주의 이름을 높이며 영광의 하나님을 경외할 것을 예언하는 말씀입니다.

하나님은 성소를 높은 곳이라고 합니다. 현대의 높은 성소인 교회는 하나님의 거룩한 집입니다. 교회는 높은 성소가 되어야 합니다. 교회는 하나님의 높고 높은 거룩한 곳이 되어야 합니다. 교회는 세상 속에서 높이 들린 등대입니다. 교회는 세상이 바라보는 거룩한 전입니다. 교회에서 높으신 하나님의 이름, 하나님의 영예, 하나님의 영광이 선포되어야 합니다. 교회에서는 구원의 향기가 울려 퍼져야 합니다. 그리스도인은 하나님의 영광의 그림이 삶에 배어 있어야 합니다.

존 파이퍼는 「하나님을 맛보는 묵상」이라는 책에서 구원받는 믿음의 두 가지 요소를 말했습니다. 첫째는 믿음은 말씀 안에서 그리스도의 영광을 볼 수 있는 영적인 안목입니다. 둘째는 믿음은 구원의 복음 안에서 안심하는 것입니다. 믿음은 그리스도의 영광을 보는 것입니다. 그리스도께 영광을 돌리는 것이 믿음입니다. 죽을 자리에서 구원받은 자인 우리 모두는 그리스도의 이름을 높이고, 하나님의 영광을 볼 수 있는 믿음을 가진 자입니다.

"예수 가장 귀한 그 이름 예수 언제나 기도 들으사 오 예수 나의 손잡아 주시는 가장 귀한 귀한 그 이름" 이 찬양은 들을 때마다 많은 은혜가 됩니다. 우리의 구세주 예수님의 이름에는 구원의 능력이 있습니다. 그 이름에는 영광이 있고, 우리는 그 이름을 경외하게 됩니다.

직업 선택에 대한 여러 가지 물음이 있습니다. 첫째, 나는 직장 일을 하나님의 영광을 위하여 하고 있습니까? 둘째, 이 직업을 택한 이유 가운데 하나가 성결된 삶을 살기 위해서입니까? 셋째, 이 직업은 그리스도를 아는 지식이 자라게 합니까 아니면 방해합니까? 넷째, 이 직업이 예수님을 대적하는 생각을 갖게 하거나 느끼게 하거나 행동하게 하지는 않습니까? 다섯째, 이 직업이 선교의 목적을 이루는 데 기여할 수 있습니까? 여섯째, 이 직업에 내가 최선을 다해 경주할 가치가 있습니까? 이 질문에 바르게 대답한다면 직업을 제대로 선택한 것입니다. 우리 구원의 궁극적 목적은 삶에서 그리스도의 이름을 높이고, 그리스도의 영광이 나타나게 하는 것입니다.

우리 교회에 소외당하고 있는 사람은 없습니까? 구원받지 못한 자는 없습니까? 늘 눈을 크게 뜨고 이런 사람이 우리 주위에 없는지 살펴봅시다. 구원받은 감격으로 그리스도의 이름을 더욱 높이고, 그리스도께 모든 영광을 돌리는 우리가 되기를 바랍니다.

Application

우리 교회에 소외당하고 있는 사람은 없습니까?
구원받지 못한 자는 없습니까?
늘 눈을 크게 뜨고
이런 사람이 우리 주위에 없는지 살펴봅시다.

○ 하나님의 눈이 언제나 나의 중심을 보시고, 누구보다 나를 잘 이해하신다는 사실이 나에게 주는 위로는 무엇입니까?

○ 지금 이 시간 떠오르는, 나의 주변에 소외당하고 고통당하고 있는 가까운 이웃은 누구입니까?
그들에게 작은 것이라도 구체적인 도움을 줄 수 있는 것들을 생각해 보고 그대로 실천해 봅시다.

¹이스라엘이 애굽에서 나오며 야곱의 집안이 언어가 다른 민족에게서 나올 때에 ²유다는 여호와의 성소가 되고 이스라엘은 그의 영토가 되었도다

우리 집을 여호와의 성소가 되게 하셨습니다

『 시편 114 : 1~2 』

Meditation

　　우리나라의 국경일은 삼일절, 제헌절, 광복절, 개천절, 그리고 한글날입니다. 국가 국경일은 대부분 개국이나 해방과 관련된 날들입니다. 어느 나라든 해방 기념일은 국가 경축일로 되어 있습니다. 미국은 7월 4일이 독립기념일입니다. 거의 모든 나라가 독립기념일을 국경일로 지키고, 개국에 기여

한 사람을 국부로 존경하고 성스럽게 여깁니다.

이스라엘 역사는 출애굽, 그리고 바벨론 귀환과 깊은 연관을 가지고 있습니다. 이는 이스라엘의 해방과 관련된 중요 사건들입니다. 출애굽은 구원의 사건입니다. 바벨론에서의 귀환 역시 그들에게는 중요한 구원의 사건인 것입니다.

"이스라엘이 애굽에서 나오며"라는 말은 이스라엘을 해방하신 일을 말합니다. 종이었던 백성이 자유인으로 거듭났습니다. 이 출애굽의 사건은 그리스도를 통한 인류의 구속사건을 암시하며 그리스도의 구원의 예표로 주신 사건입니다.

가나안은 광야생활 40년 만에 들어간 약속의 땅입니다. 가나안을 거룩한 땅이라고 합니다. 왜 가나안이 거룩합니까? 하나님이 선택하셨고, 아브라함과 족장들에게 약속하신 하나님의 약속 때문에 거룩한 땅입니다.

출애굽기 19 : 6에는 "너희가 내게 대하여 제사장 나라가 되며 거룩한 백성이 되리라"고 하십니다. 놀라우신 하나님의 선포입니다. 해방시키시고 율법을 주셔서 하나님의 백성이 되게 하신 백성, 이스라엘은 하나님이 거룩하게 다듬어 주신 백성입니다. 온 이스라엘이 제사장의 나라입니다. 거룩한 백성입니다.

이명박 대통령이 서울 시장직을 역임할 때에 "서울을 하나님께 바칩니다."라고 했다가 혼이 났습니다. 이 고백을 순전하게 받아들이고, 온 시민이 서울을 하나님께 바쳤더라면 이 서울이 거룩한 땅이 될 수 있지 않았을까 생각해 봅니다. 이곳이 하나님의 성소가 되면 얼마나 좋겠습니까? 해방으로 구원받은 이스라엘이 여호와의 성소가 되었습니다. 우리도 구원받아 거룩하게 되면 하나님의 성소가 될 것이라 믿습니다.

첫째, 어디가 여호와의 성소가 되었습니까?

2절 상반절에는 "유다는 여호와의 성소가 되고"라고 합니다. 유다가 여호와의 성소가 됩니다. 유다가 어디입니까? 솔로몬 이후에 나라가 남북으로 분열되었으니 남유다를 지칭하는 것입니까?

유다는 출애굽 후 300년이 지나 생긴 이름이므로 남유다를 지칭하는 말은 아닌 것 같습니다. 또 어떤 이는 예수님을 지칭하는 말인데 예수님께서 유다 지파이시기에 유다라고 불렀다고 합니다. 그러나 여기에서 말하는 유다는 전 이스라엘을 지칭하는 말입니다.

종살이에서 해방되고, 하나님을 섬기는 하나님의 백성이 되므로 그 나라 전체가 여호와의 성소가 되었습니다. 죄의 종에서 벗어나 하나님의 백성이 되면 그 나라, 그 민족, 그 땅이 거룩한 성소가 되는 것입니다.

거룩한 땅은 얼마나 됩니까? 하나님이 임재하시는 시내 산이 거룩한 땅입니다. 가시덤불이 있고, 더럽고, 척박하지만 하나님이 임재하시므로 거룩한 성소가 되는 것입니다. 땅 때문이 아니라, 사람 때문이 아니라, 하나님 때문에 거룩하게 변합니다. 이것을 성화라고 합니다. 이렇게 변화된 곳이 여호와의 성소입니다.

에스겔 45 : 4에는 "그곳은 성소에서 수종 드는 제사장들 곧 하나님께 가까이 나아가서 수종 드는 자들에게 주는 거룩한 땅이니 그들이 집을 지을 땅이며 성소를 위한 거룩한 곳이라"고 합니다. 성소만 거룩한 것이 아니라 성소에서 수종 드는 제사장들에게 주는 땅도 거룩합니다. 교회의 본당뿐만 아니라 부속건물들, 우리 교회로 말하면 모든 목회자들의 집과 그 외의 건물들까지도 다 거룩한 여호와의 성소라는 말입니다.

에스겔에 있는 이 말씀을 읽고 나니 저희 집에서는 싸우면 안 되겠다는 생각이 듭니다. 저희 집에서는 거룩한 일 외에는 어떤 일도 하면 안 되겠다는 생각도 합니다. 저희 집이 그렇게 거룩한 곳이라고 생각하니 두려움마저 생깁니다. 저희 집만 그런 것이 아닙니다. 우리 모든 성도의 가정이 다 거룩한 곳이며, 여호와의 성소이며, 작은 교회이며, 거룩한 성소입니다. 여러분의 집이 여호와의 성소가 되게 하십시오. 거룩한 곳이 되게 하십시오. 거룩하지 못한 것들을 몰아내고 거룩하게 하십시오. 이것이 하나님의 가정의 모습입니다.

둘째, 어느 곳이 여호와의 영토가 되었습니까?
2절 하반절에는 "이스라엘은 그의 영토가 되었도다"라고 합니다. 이스라엘은 하나님의 영토입니다. 이스라엘은 북이스라엘을 지칭하는 것이 아니라 전 이스라엘을 말한다고 이미 이야기했습니다. 이스라엘이 하나님의 영토라는 말입니다. 이스라엘이 하나님의 주권으로 다스려지는 나라라는 말입니다.

국권을 가지려면 세 가지가 필요합니다. 국민, 영토, 그리고 주권입니다. 국가가 형성되기 위해서는 영토가 없으면 안 됩니다. 아무리 국민의 수가 많다고 하더라도 영토가 없으면 국가가 될 수 없습니다.

지금도 세계에는 영토가 없는 민족이 많습니다. '집시'는 원래 인도 펀자브에서 서쪽으로 이주한 유랑민인데 약 2천만 명이 된다고 합니다. 인구 약 2천 5백만 명으로 추정되는 '쿠르드족'은 4천 년 역사의 고유한 언어와 문화를 가지고 있지만, 영토가 없어 터키, 이란, 이라크, 시리아 등에 거주합니다.

국민이 주권과 영토를 가지고 있다는 것은 행복한 일입니다. 우리나라가 그렇게 외풍이 심하고, 많은 침략을 받았음에도 불구하고 살아남아 있는 것은 하나님의 보호하심 때문입니다. 애국가에서 "하나님이 보우하사 우리나라 만세"라고 하는데, 그 말이 맞습니다. 그런데 이보다 더 행복한 것은 영토가 하나님의 나라가 되는 것입니다. 하나님의 해방과 은총으로 땅이 여호와의 땅이 되는 것입니다.

이사야 52 : 1에는 "시온이여 깰지어다 깰지어다 네 힘을 낼지어다 거룩한 성 예루살렘이여"라고 합니다. 예루살렘은 그렇게 짓밟히고 전쟁을 많이 했지만 거룩한 성입니다. 하나님의 성소가 있고, 하나님이 거룩하게 선택하셨기에 거룩한 성입니다.

예수님이 승천하시기 전에 제자들의 관심은 '이스라엘 나라의 회복'이었습니다. 그래서 그들은 "이스라엘 나라가 회복되는 것이 언제입니까?"라는 질문을 했습니다. 이스라엘의 회복은 정치적으로나 무력으로 되는 것이 아닙니다. 예수님은 대답하시기를 "오직 성령이 너희에게 임하시면 너희가 권능을 받고 예루살렘과 온 유대와 사마리아와 땅끝까지 이르러 내 증인이 되리라"고 하셨습니다. 나라의 회복은 성령의 역사로 가능합니다. 성령으로 말미암아 대한민국의 땅이 여호와의 거룩한 땅이 될 것입니다.

베드로전서 2 : 9에는 "그러나 너희는 택하신 족속이요 왕 같은 제사장들이요 거룩한 나라요 그의 소유가 된 백성이니"라고 합니다. 하나님의 선민은 모두 제사장입니다. 선민이 사는 나라가 거룩한 나라입니다. 하나님의 선민은 누구나 하나님의 백성입니다. 내가 하나님의 선민이 되면 내가 거룩한 나라입니다. 내가 거룩한 땅입니다. 우리를 통하여 우리나라가, 우리 땅이 거룩하게 되기를 바랍니다.

호세아 10 : 12에는 "너희가 자기를 위하여 공의를 심고 인애를 거두라 너희 묵은 땅을 기경하라"고 합니다. 땅을 기경하고 생명을 불어넣으면 나라가 변화하고 거룩한 땅으로 변화됩니다. 거룩한 땅으로 변하면 바로 이곳이 여호와의 성소가 되고 하나님의 영토가 됩니다. 우리나라, 우리 가정을 여호와의 성소로 만듭시다. 여호와의 영토로 만들어 하나님이 보시기에 좋은 땅이 되게 합시다. 땅끝까지 주의 영토를 확장하는 우리 교회가 되기를 바랍니다.

Application

거룩한 땅으로 변하면 바로 이곳이
여호와의 성소가 되고 하나님의 영토가 됩니다.
우리나라, 우리 가정을 주의 성소로 만듭시다.

° 그리스도인들의 영적인 해방은 예수님을 영접하여 죄의 권세로부터 생명으로 옮겨지는 것입니다.
내가 죄로부터 해방되던 감격적인 날을 떠올려 봅시다.

° 우리의 작은 교회인 가정도 거룩한 하나님의 성소입니다.
가정이 거룩한 성소로 세워지기 위해서 나에게 필요한 노력을 생각해 보십시오.

¹⁷내가 주께 감사제를 드리고 여호와의 이름을 부르리이다 ¹⁸내가 여호와께 서원한 것을 그의 모든 백성이 보는 앞에서 내가 지키리로다 ¹⁹예루살렘아, 네 한가운데에서 곧 여호와의 성전 뜰에서 지키리로다 할렐루야

여호와의 성전 뜰에서 지킵니다

『 시편 116 : 17~19 』

―― Meditation

'빈발효과'라는 것이 있습니다. 빈발하게 발생되는 정보는 앞의 정보를 지운다는 뜻입니다. 누군가와의 약속을 지키지 못해 불신감을 주었다면 신뢰할 수 있는 정보를 빈번하게 제공하여 안 좋았던 앞선 정보를 지워야 합니다. 그러나 이런 효과를 자꾸 써먹으면 도리어 역효과가 납니다.

우리의 회개는 우리의 죄를 하나님의 기억에서 지우는 것입니다. 하나님은 회개한 죄를 기억도 하지 않으신다고 합니다.

하나님은 우리와의 약속이나 하나님의 은총의 언약을 절대 어기지 못하십니다. 이것이 하나님의 본성입니다. 그러나 우리는 하나님과는 반대로 수시로 약속을 어기며 살아갑니다. 우리는 약속 어기기를 마치 손바닥을 뒤집듯 쉽게 합니다. 그리고 우리는 불가항력적으로 약속을 어길 때도 얼마나 많은지 모릅니다.

민수기 6 : 2에는 "남자나 여자가 특별한 서원 곧 나실인의 서원을 하고 자기 몸을 구별하여 여호와께 드리려고 하면"이라고 합니다. 나실인의 서원은 죽을 때까지 지키겠다고 한 약속입니다. 또 그 서원은 죽을 때까지 지켜야 가치가 있는 것입니다. 그리고 그 서원은 자원해서 해야 영광이 됩니다. 서원은 지켜야 의미가 있습니다.

브뤼셀의 연구조사 기관에 의하면 유럽인이 대체로 약속을 잘 지킨다고 합니다. 세계 주요 나라 가운데 제일 상냥한 국민은 스페인인입니다. 가장 일하고 싶은 나라는 독일입니다. 약속을 제일 잘 지키는 국민은 일본인입니다. 반대로 약속을 제일 지키지 않는 국민은 이탈리아인이라고 하였습니다.

나폴레옹은 "약속을 지키는 최선의 방법은 약속을 하지 않는 것이다."라고 하였습니다. 사람은 원래 약속을 지키지 못할 요인을 잔뜩 가지고 있다는 말입니다. 전도서 5 : 5에도 같은 뜻의 말이 있습니다. "서원하고 갚지 아니하는 것보다 서원하지 아니하는 것이 더 나으니"라고 말합니다. 이 말은 서원하지 말라는 말이 아니라 서원을 잘 지키라는 말입니다. 시편 15 : 4에는 "그의 마음에 서원한 것은 해로울지라도 변하지 아니하며"라고 합니다. 이런 사람이 주의 장막에 거할 자입니다.

첫째, 성전 뜰에서 무엇을 합니까?

18절에는 "내가 여호와께 서원한 것을 그의 모든 백성이 보는 앞에서 내가 지키리로다"라고 합니다. 시편의 기자는 성전 뜰에서 여호와께 한 서원을 지키겠다고 합니다. 그것도 "모든 백성이 보는 앞에서"라고 합니다. 그의 공증된 신실성을 증명합니다. 하나님과 사람이 인정하는 '신실맨' 입니다.

성전에 올라가 서원을 지킨다고 하였는데, 그것은 무슨 서원입니까? 열왕기하 20 : 8에는 "히스기야가 이사야에게 이르되 여호와께서 나를 낫게 하시고 삼 일 만에 여호와의 성전에 올라가게 하실 무슨 징표가 있나이까 하니"라고 합니다. 여호와의 전에 올라가 무엇을 합니까? 여호와께 경배합니다. 주의 전은 예배하며, 봉사하며, 사랑하며, 잘 지켜야 합니다. 히스기야의 간절한 고백은 곧, 이 모든 서원을 잘 지키겠다는 것입니다. 19절에 다시 "여호와의 성전 뜰에서 지키리로다"라고 합니다. 이 말은 하나님께 한 서원은 반드시 지키겠다는 의지를 표현한 것입니다.

하나님은 "안식일을 기억하여 거룩하게 지키라"고 하십니다. 안식일을 '기억하라'고 하십니다. '지키라'고 하십니다. 안식일을 잘 지키려면 '기억'해야 합니다. 랍비들의 해석을 보면 일, 월, 화요일은 지나간 안식일을 기억하는 날이며, 수, 목, 금요일은 즐거운 기대감으로 준비하는 날이라고 하였습니다.

우리말로 하면 월, 화, 수요일은 안식일을 기억하고, 목, 금, 토요일은 주일을 기대하고 준비하라는 것입니다. 안식일뿐만 아니라 모든 신앙생활을 기억하고 지켜야 합니다. 말씀과 기도와 봉헌과 전도, 이 모든 신앙생활의 내용들을 기억하고 지켜야 합니다.

'한국유리'를 창업하신 최태섭 장로님의 어록에는 좋은 말들이 많이 있습니다. 그중 하나가 이것입니다. "나는 약속을 할 때는 신중하지만 일단 한 약속은 아무리 사소한 것이라고 해도 지키려고 한다. 왜 약속을 지키려고 하는가? 그것은 약속을 했기 때문이다." 신실한 하나님의 사람의 모습이 이 말에 잘 나타납니다.

둘째, 예루살렘의 중심은 어디입니까?

19절에는 "예루살렘아, 네 한가운데에서 곧 여호와의 성전 뜰에서 지키리로다 할렐루야"라고 합니다. 예루살렘의 중심은 여호와의 성전 뜰입니다. 예루살렘의 한가운데는 여호와의 성전 뜰이 있습니다. 예루살렘의 중심은 성전입니다. 지리적으로도 중심이지만 상징적으로도 성전은 예루살렘의 중심입니다. 도시의 중심이 교회인 도시가 세계에 많이 있습니다.

파리의 중심은 개선문입니다. 파리는 개선문을 중심으로 하여 방사형으로 설계가 되어 있습니다. 런던의 중심은 하이드 파크입니다. 로마시대의 도시의 중심은 포럼이며, 원형극장입니다. 오래전 중국 윈난 성의 샹그리라현과 리장시를 가 본 적이 있습니다. 리장시의 고성은 유네스코 문화유산인데, 마을 중앙광장을 중심으로 하여 어느 길로 가든지 광장으로 통하게 되어 있습니다. 한참 구경을 하다 길을 따라가면 광장이 나옵니다. 어떤 도시에 가면 공원이 중심이고, 어떤 도시는 건물이 중심입니다. 서울은 어디가 중심입니까? 시청입니다. 도시의 중심이 어디인가 하는 것은 그 도시의 격과 수준을 말합니다.

교회가 중심인 도시가 하나님의 도시입니다. 하나님의 거룩한 성인 예루살렘은 성전이 중심입니다. 여호와의 성전 뜰이 중심입니다. 여호와의 성전 뜰이 중심이라는 것은 하나님 중심의 삶을 의미합니다.

'여호와의 성전 뜰에서' 라는 말을 직역하면 '여호와의 집의 마당뜰에서' 라는 뜻입니다. 이것은 '성막의 뜰' 혹은 '성전의 뜰' 을 가리킵니다. 예루살렘이 거룩한 성인 까닭은 그 도시의 중심이 거룩한 성전의 뜰이기 때문입니다. 우리 가정과 우리 직장, 우리 사회가 거룩하기 위해서는 그 중심이 거룩해야 합니다. 우리 가정의 중심에 성전의 뜰이 있기를 바랍니다. 우리 직장, 우리 사업의 중심에 성전의 뜰이 있기를 바랍니다.

이사야 26 : 9에는 "밤에 내 영혼이 주를 사모하였사온즉 내 중심이 주를 간절히 구하오리니"라고 합니다. 우리의 중심이 주를 사모하고 구하면 우리가 거룩하게 될 것입니다. 우리 삶이 거룩하게 될 것입니다. 우리 영혼이 거룩하게 될 것입니다.

코스텐바움은 "사람들을 능력 있게 보이게 만드는 것은 중심 됨이다."라고 하였습니다. '중심 됨'이란 삶의 중심에 하나님을 모시고, 내 삶을 올바르게 움직여 나가는 것을 말합니다. 중심에 무엇이 있느냐에 따라 사람은 그 행동과 삶의 방향이 정해집니다. 그래서 사람의 중심은 무엇보다 중요하고, 하나님도 우리의 중심을 보고 계십니다.

하나님의 거룩하심이 우리 삶의 중심이 되기를 바랍니다. 우리 가정의 중심이 되기를 바랍니다. 우리 생활의 중심이 되기를 바랍니다. 교회가 무엇을 하며, 교회가 어떻게 되며, 교회에 어떤 일이 일어나는지는 우리의 중심에 따라 달라집니다. 우리 마음의 중심이 교회의 뜰이면 우리 마음에서 일어나는 모든 생각들이 거룩할 것입니다. 하나님을 위한 일이 될 것입니다. 우리의 중심에 여호와의 성전 뜰이 있어 항상 하나님을 위한 생각들로 가득하기를 바랍니다.

Application

하나님의 거룩하심이
우리 삶의 중심이 되기를 바랍니다.
우리 마음의 중심이 교회의 뜰이 되면
우리 마음에서 일어나는 모든 생각들이 거룩해질 것입니다.

° 인간과는 달리 한 번 하신 약속을 영원토록 신실하게 지키시는 하나님의 성품을 기억해 봅시다.
이 사실이 나의 삶에 어떠한 영향을 미치고 있습니까?

° 지금 내 삶의 중심은 하나님입니까? 혹시 직장이나, 학교, 휴양지 등이 내 삶의 중심이 되어 있지는 않습니까?
하나님 앞에서 내 자신의 모습을 점검해 봅시다.

°여호와의 이름으로 오는 자가 복이 있음이여 우리가 여호와의 집에서 너희를 축복 야곱의 전능자의 성막을 발견하기까지 하리라 하였나이다 °보라 밤에 여호와의 성전 뜰에 서 있는 너희여 °내가 주의 성전을 향하여 예배하며 주의 인자하심과

5주

Church of the Psalms

사람이 내게 말하기를 여호와의 집에 올라가자 할 때에 내가 기뻐하였도다 여호와의 처소 곧
서 있는 여호와의 모든 종들아 여호와를 송축하라 여호와의 집 우리 여호와의 성전 곧 우리 하나님의
로 말미암아 주의 이름에 감사하오니 이는 주께서 주의 말씀을 주의 모든 이름보다 높게 하셨음이라

²⁴이날은 여호와께서 정하신 것이라 이날에 우리가 즐거워하고 기뻐하리로다 ²⁵여호와여 구하옵나니 이제 구원하소서 여호와여 우리가 구하옵나니 이제 형통하게 하소서 ²⁶여호와의 이름으로 오는 자가 복이 있음이여 우리가 여호와의 집에서 너희를 축복하였도다

여호와의 집에서 축복합니다

『 시편 118 : 24~26 』

Meditation

　율법에는 안식일에 금하신 특정행위가 39가지나 있습니다. 하나님께서 명령하신 이러한 금지조항의 이면에 있는 동기는 경축과 관계의 여지를 마련하는 일입니다.

　분주하게 일을 하면서는 도저히 하나님께 즐거운 경축을 드릴 수 없고,

하나님과 아름다운 관계도 맺지 못하게 됩니다. 내가 세상에서 하던 일을 계속하면 안식일을 진정으로 즐길 수 없습니다. 그래서 39가지나 금하면서 안식일을 즐기라고 하는 것입니다. 청교도는 전통적으로 안식일을 '영혼의 장날'이라고 하였습니다. 즉, 안식일의 진정한 의미는 '잔치' 입니다.

주후 321년, 콘스탄티누스 황제는 일요일을 쉼의 날로 공표하였습니다. 주일을 안식의 날로 대치하고 하나님을 즐기는 날이라고 공표한 것입니다.

출애굽기 20 : 11에는 "나 여호와가 안식일을 복되게 하여 그날을 거룩하게 하였느니라"라고 합니다. 복되게 하였다는 것은 그날을 축복하여 즐겁고 기쁘게 하였다는 것입니다. 또한 거룩하게 하였다는 것은 그날을 다른 날과 구별하여 특별하게 하였다는 것입니다.

린 바압이 쓴「즐겁게 안식할 날」이란 책에 보면 안식일을 잘 지키는 것에는 기도와 교제 둘 다 포함된다고 하였습니다. 교제는 안 하고 기도만 하는 안식일이나, 기도는 하지 않고 교제만 하는 안식일, 둘 다 반쪽짜리 안식일이라고 합니다. 성도의 교제는 우리의 신앙고백에도 포함될 만큼 중요한 신앙생활입니다. 요즘에는 주일 이외에 성도들이 함께 만나 교제할 시간이 거의 없습니다. 그렇다면 주일만이라도 성도의 교제를 위해 즐겁게 어울리는 습관이 필요합니다. 집에서 청소하고, 텔레비전을 보고, 쇼핑하는 것보다 거룩한 성도의 교제가 훨씬 주일을 거룩하게 지키는 방법입니다.

예배는 축제입니다. 경축입니다. 주일을 경축으로, 축제로, 잔치로, 기쁨으로, 웃음으로, 즐거움으로 지키는 것은 하나님의 뜻입니다. 많은 전통적 그리스도인들이 경건에 대한 오해를 하여 주일에 잔치하는 것이나, 놀이하는 것은 거룩하게 지키는 것이 아니라고 생각합니다.

그러나 우리의 목적은 하나님의 영광입니다. 나를 즐겁게 하는 교제가 아니라 하나님을 즐겁게 하는 교제가 될 때에 그것은 온전히 하나님께 영광이 되고 거룩한 일이 되는 것입니다.

시편 122 : 1에는 "사람이 내게 말하기를 여호와의 집에 올라가자 할 때에 내가 기뻐하였도다"라고 합니다. 성전을 생각만 해도 기쁨이 넘친다는 고백입니다. 시편의 성전에 올라가는 노래는 탄식시와는 다릅니다. 성전에 올라가는 노래에는 슬픔이나 탄식이나 불평이 없습니다. 성전에 올라가는 노래는 오로지 기쁨의 시입니다. 이런 성전에 올라가는 기쁨이 우리에게도 충만하기를 바랍니다. 그렇다면 우리가 이러한 기쁨을 누리기 위해서는 어떤 모습으로 성전에 올라가야 하겠습니까?

첫째, 어느 날에 여호와의 집에 오는 자가 복이 있습니까?

24절에는 "이날은 여호와께서 정하신 것이라 이날에 우리가 즐거워하고 기뻐하리로다"라고 합니다. 어느 날에 여호와의 집에 올라가는 자가 복이 있습니까? 여호와의 날입니다. 하나님이 정하신 안식일입니다. 안식일은 하나님이 정하여 하나님의 집에 오르게 하신 날입니다. '정하신'이란 말은 '아사'라는 히브리어입니다. 히브리어에서 '창조하다'라는 말은 '바라'인데, '아사'는 '바라'와 또 다른 의미의 '만들다'라는 말입니다. 다시 말하면 안식일은 하나님이 친히 만드시고 정하신 날이라는 것입니다.

여호와께서 이날은 '내 날이다'라고 특별히 정하신 날입니다. "이날은 내 맘대로 살고 네 맘대로 살지 말라"고 하신 날입니다. 하나님께서 이외에 다른 날을 하나님의 날이라고 하신 적이 없습니다. 오직 이날을 하나님의 날이라고 하셔서 거룩하고 구별된 모습으로 살게 하신 것입니다.

'이날'이 무슨 날입니까? 문자적으로 말하면 다윗이 왕으로 기름 부음을 받은 날입니다. 흑암 속에서 고통당하던 자들이 승리를 얻고 축하하는 축제일로, 하나님이 직접 제정하신 '여호와의 날'입니다. 이날은 하나님이 제정하시고 준비하신 여호와의 날입니다. 이제는 이날이 하나님께 예배하는 날, 안식의 날인 것입니다.

전통적으로 구약에서 말하는 '여호와의 날'이란 하나님의 진노의 날, 멸망의 날이기도 합니다. 여호와의 날이 가까웠다는 성경말씀은 하나님의 진노의 날이 다가왔다는 말입니다. 그러나 시편의 '이날'은 좋은 날입니다. 하나님의 축복의 날입니다. 하나님이 영광 받으시는 날입니다. 우리에게는 기쁘고 즐거운 날입니다.

하나님은 복과 저주를 우리 앞에 두셨습니다. 그런데 이 복과 저수는 종이 한 장 차이입니다. 예수님이 말씀하신 '왕의 잔치 비유'를 보면 왕이 미리 많은 사람들에게 초청장을 보내고 청하였습니다. 그러나 정한 날이 되었을 때 청함을 받은 자들은 미리 초청장을 받았음에도 불구하고 오지 않았습니다. 초청에 응하여 온 자들에게는 그것이 축복이 되었지만 오지 않은 자들에게는 초청이 오히려 저주가 되었던 것입니다. 이에 화가 난 임금은 초청에 응하지 않은 이들을 벌합니다. 그 내용이 마태복음 22 : 7에 "임금이 노하여 군대를 보내어 그 살인한 자들을 진멸하고 그 동네를 불사르고"라고 나옵니다.

하나님이 정하신 날은 좋은 날, 복 있는 날, 기뻐할 날입니다. 우리에게 복을 주시려고 정하신 날입니다. 하나님이 정하신 날은 복된 날입니다. 이날을 복된 날로 지킬 줄 아는 복된 백성이 되기를 바랍니다. 또한 이날을 즐거운 날, 기쁜 날, 주의 날로 인정하는 마음의 복이 함께하시기를 바랍니다.

찬송가에는 "주의 말씀 받은 그날 참 기쁘고 복 되도다 이 기쁜 맘 못 이겨서 온 세상에 전하노라 기쁜 날 기쁜 날 주 나의 죄 다 씻은 날 늘 깨어서 기도하고 늘 기쁘게 살아가리 기쁜 날 기쁜 날 주 나의 죄 다 씻은 날"이라는 좋은 가사가 있습니다. 여호와의 전에 오르는 날마다 이런 기쁨과 감격이 있기를 바랍니다.

둘째, 여호와의 집에 오는 어떤 자를 축복합니까?

26절에는 "여호와의 이름으로 오는 자가 복이 있음이여 우리가 여호와의 집에서 너희를 축복하였도다"라고 합니다. 하나님은 여호와의 집에 여호와의 이름으로 오는 자에게 복 주십니다. 문자적으로는 '여호와의 이름으로 통치하는 자' 라는 뜻입니다. 여기에서 통치자란 나라의 통치자인 왕뿐만 아니라 여호와 이름으로 주께 나아오는 모든 자들을 가리킵니다. 즉, 우리 모두가 통치자인 것입니다. 우리는 세상을 통치합니다. 내 마음을 통치하고, 내 가정을 통치하고, 내 직장을 통치합니다. 이런 우리의 통치가 우리의 이름이 아닌 하나님의 이름으로 이루어져야 합니다. 이렇게 하나님의 이름으로 통치하는 자가 복이 있습니다.

"우리가 여호와의 집에서 너희를 축복하였도다"라고 하는 말은 성전 문을 지키는 제사장들의 축복 인사라고 합니다. 여호와의 집에 들어오는 자를 이러한 말로 축복합니다. 왜 이러한 축복을 합니까? 특별한 이유가 없이 여호와의 이름으로 들어오는 그 자체만으로 축복받을 만합니다. 우리도 서로에게 축복의 인사를 해야 합니다. 교회 뜰에서 만나는 사람은 다 우리의 가족입니다. 이제는 만날 때마다 "우리 교회에서 당신을 축복합니다."라는 인사가 이 교회 안에서 늘 있기를 바랍니다.

하지만 성전에는 아무나 들어오지 못합니다. 특히 여호와의 이름 없이는 들어올 수 없습니다. 누구나 여호와의 이름으로, 여호와의 이름을 의지하여 성전에 들어옵니다. 우리가 여호와의 이름으로 이 교회에 들어온 것은 특권이요, 은혜이자 축복입니다.

요한복음 10 : 9에는 "내가 문이니 누구든지 나로 말미암아 들어가면 구원을 받고 또는 들어가며 나오며 꼴을 얻으리라"고 합니다. 예수님은 문이십니다. 예수님의 이름은 그 문에 들어가는 출입증이나 다름없습니다. 여호와의 이름은 성전 출입증입니다. 이 출입증을 목에 걸고 다니는 사람은 축복을 받은 것입니다.

가끔 어느 댁에 가 보면 문 입구에 "여기에 들어오는 모든 이에게 평화를"이라고 쓰인 작은 액자가 있습니다. 특히 가톨릭에서 많이 사용하는 문구입니다. 가정이나 사무실이나 어디든지 그 안에 들어오는 자에게 복을 주시기를 기도하는 것은 참 좋은 일입니다.

그보다 더 좋은 일은 주의 집인 교회에 들어오는 자를 위해 복 주시기를 기도하는 것입니다. 교회에 들어오는 자는 하나님의 복을 받게 됩니다. 이것은 하나님의 약속이며 우리가 이미 경험하고 있는 것입니다.

아담스의 "거룩한 성"이란 노래에는 "그 성에 들어가는 자 참 영광이로다"라는 가사가 있습니다. 그 성에 들어가는 것이 영광이 되고, 그 성에 들어가면 축복을 받는다는 것입니다. 마찬가지로 교회에 들어오는 것은 누구에게나 영광이자, 복을 받는 길입니다. 시편 100 : 4에는 "감사함으로 그의 문에 들어가며 찬송함으로 그의 궁정에 들어가서"라고 말합니다.

하나님의 교회인 하나님의 궁정에 들어가는 일에는 감사와 찬송이 있습니다. 이런 감사와 찬송이 교회에 올 때마다 넘치기를 바랍니다.

어느 실직자가 직장을 구하러 다니던 중 어느 회사 문에 '미시오'라고 쓴 글을 보고 밀고 들어갔습니다. 근무 중이던 직원이 물었습니다. "왜 들어왔습니까?" 그때 실직자는 "'미시오'라고 해서 밀고 들어왔습니다."라고 답했습니다. 사장은 그의 용기와 자신감에 감탄해서 일자리를 주었다고 합니다. 우리가 주님의 집에 나올 때마다 자신 있게, 당당하게, 믿음으로, 그 이름으로 들어올 수 있기를 바랍니다.

찬송가에는 "나를 사랑하시고 나의 죄를 다 씻어 하늘 문을 여시고 들어가게 하시네"라는 고백이 있습니다. 예수님을 믿어 예수님의 이름으로 죄를 씻게 하시고 이제는 하늘 문을 여시고 우리를 영접하십니다. 교회에 들어오는 자는 이런 축복을 누립니다.

하나님이 정하신 날은 절대 잊지 말아야 합니다. 이날이 즐겁고 기쁜 날이 되어야 합니다. 이제 이날을 기억함으로 교회에 올 때마다 하나님의 축복을 누리고, 은혜를 경험하고, 기쁨이 넘치는 여러분이 되기를 간절히 바랍니다.

Application

하나님이 정하신 날은 절대 잊지 말아야 합니다.
이날이 즐겁고 기쁜 날이 되어야 합니다.
이제 이날을 기억함으로 교회에 올 때마다 하나님의 축복을 누리고,
은혜를 경험하고, 기쁨이 넘치기를 간절히 바랍니다.

- 하나님이 정하신 안식일을 건강하게 지키기 위해서는 기도와 교제의 균형이 필요합니다.
  지금 나의 모습이 어느 한쪽으로만 치우치지 않는지 점검해 봅시다.

- 하나님께서 나에게 선물로 주신 안식일을 더 기뻐하고 누리고 감사하기 위해서 나에게 회복되어야 할 것은 무엇인지 생각해 봅시다.

¹사람이 내게 말하기를 여호와의 집에 올라가자 할 때에 내가 기뻐하였도다 ²예루살렘아 우리 발이 네 성문 안에 섰도다 ³예루살렘아 너는 잘 짜여진 성읍과 같이 건설되었도다 ⁴지파들 곧 여호와의 지파들이 여호와의 이름에 감사하려고 이스라엘의 전례대로 그리로 올라가는도다

여호와의
집에 올라가면
기쁩니다

『 시편 122 : 1~4 』

Meditation

아씨시의 프란시스는 "기쁨이란 우리를 놀라게 해 주는 것이어야 한다."고 하였습니다. C. S. 루이스도 「예기치 못한 기쁨」이란 자서전을 저술하였습니다. 그리스도인의 기쁨은 누구에게나 놀라운 것입니다. 그리스도인의 기쁨은 예기치 못한 놀라운 일입니다.

은혜(charis)란 기쁨(chara)에서 나온 말입니다. 은혜, 즉 카리스는 감사, 즉 유카리스타(eucharista)라는 답을 요구합니다. 은혜 받은 사람은 항상 기쁘고, 감사가 넘칩니다. 또 기뻐하면 은혜를 받습니다. 기쁨은 그 자체가 하나님의 선물입니다. 그래서 그리스도인에게 기쁨이 있을 때마다 놀람과 감격이 있게 되는 법입니다.

그렇다면 기쁨의 근원은 무엇입니까? 기쁨의 근원은 하나님입니다. 복음을 통해 우리에게 주어진 구원입니다. 또 우리와 언제나 동행하시는 예수님이십니다. 그래서 우리가 찬송할 때에 "기쁨의 근원 되시는 예수를 위해 삽시다"라고 합니다. 예수님을 떠난 기쁨은 참 기쁨이 아닙니다. 그것은 잠시 동안의 기쁨일 뿐 영원한 기쁨은 아닙니다.

누가복음 2장에는 천사들이 목자들에게 예수님의 탄생을 전해 주는 장면이 나옵니다. 그때 천사들은 예수님의 탄생을 "온 백성에게 미칠 큰 기쁨의 좋은 소식"이라고 합니다. 예수님의 탄생은 온전한 기쁨입니다. 어떤 사람에게는 기쁨이고 어떤 사람에게는 아닌, 그런 제한적인 기쁨이 아니라 온 백성에게 전해지는 참된 기쁨입니다. 그리고 그 기쁨은 보통 기쁨, 작은 기쁨이 아니라 큰 기쁨입니다.

요한복음 16 : 22에는 "지금은 너희가 근심하나 내가 다시 너희를 보리니 너희 마음이 기쁠 것이요 너희 기쁨을 빼앗을 자가 없으리라"고 합니다. 우리 마음속에 예수님을 모시게 되면 참 기쁨을 회복하게 됩니다. 그 기쁨은 누구에게도 빼앗기지 않을 참 기쁨입니다. 잠시 기쁜 듯하다 기쁨이 사라지면 참 기쁨이라 할 수 없습니다. 이런 기쁨은 예수님을 믿지 않는 사람에게는 이해할 수 없는 것입니다.

바울은 복음을 전하다가 실라와 함께 빌립보 감옥에 갇힙니다. 하지만 바울과 실라는 빌립보 감옥에서도 기쁨을 잃지 않고 찬송하였습니다. 그 기쁨 때문에 옥문이 열리고 간수가 구원받는 역사가 나타납니다. 바울은 로마에 가서 다시 감옥에 갇힙니다. 감옥 안에서도 바울은 빌립보 교인들에게 이런 편지를 씁니다. "주 안에서 항상 기뻐하라 내가 다시 말하노니 기뻐하라" 바울은 모든 사람에게 전해질 기쁜 소식을 전하다가 기쁘지 않은 일을 당했습니다. 그런데 감옥에 갇혀 기쁠 일이 없는 바울이 감옥 밖에 있는 성도들에게 "기뻐하라"고 하는 것입니다. 이것이 참 기쁨입니다. 이 기쁨이 바로 예수님만이 주실 수 있는 기쁨입니다.

모든 말씀에서 나오는 다윗의 기쁨도 찬란한 왕관 때문이 아니었습니다. 웅장한 왕궁이나 손에 쥐고 있는 권력 때문도 아니었습니다. 다윗의 기쁨은 오직 하나님 때문입니다. 하나님의 성전 때문입니다. 다윗의 이 기쁨은 어떤 것과도 바꿀 수 없는 기쁨입니다. 우리에게도 이런 기쁨이 있기를 바랍니다. 이제 다윗이 가졌던 이 기쁨을 오늘의 말씀을 통해 알아보기 원합니다.

첫째, 다윗이 가장 기뻐할 때는 언제입니까?

1절에는 "사람이 내게 말하기를 여호와의 집에 올라가자 할 때에 내가 기뻐하였도다"라고 합니다. 다윗이 기뻐할 때는 사람들이 여호와의 집에 올라가자 할 때입니다. 유대인의 삼대 절기인 유월절, 맥추절(칠칠절, 오순절), 초막절(장막절)에는 사람들이 구름 떼처럼 모여 성전으로 올라왔습니다. 오늘의 말씀은 이 절기를 맞이하여 성전에 올라갈 것을 권하는 모습을 묘사하고 있습니다. 그때 올라가면서 부른 노래가 '순례자의 노래' 입니다. 여호와의 집에 올라가며 하나님을 만나는 기쁨을 노래한 것입니다.

여호와의 집에 올라가는 일이 왜 기쁩니까? 여호와가 계시기 때문에, 여호와를 만나기 때문에 기쁩니다. 여호와가 계시지 않으면 올라갈 이유가 없습니다. 올라가도 기쁘지 않습니다. 아니, 올라갈 필요가 없습니다.

"집에 가자."라는 말은 참 좋은 말입니다. 여행이 아무리 좋아도 집에 가야 편안합니다. 집에는 가족이 있고, 따뜻한 사랑이 있기에 가장 좋은 곳입니다. 그래서 집에 가자는 말은 누구나 좋아하는 말입니다.

　명절이 되면 모든 사람들이 고향에 갑니다. 고향에는 아버지, 어머니가 계시고 친척들이 있기에 갈 때마다 즐겁습니다. 사랑하는 사람들과의 만남이 있기에 즐거운 일입니다. 고향 가는 길의 고속도로가 극심하게 밀리고 시간이 많이 걸려도 고향은 좋은 곳입니다. 그리고는 고향에 갈 때보다 돌아올 때 더 많은 선물을 가지고 옵니다. 갈 때는 예쁜 선물을 손에 들고 간다면 올 때는 예쁘기보다 투박한 보따리를 잔뜩 가지고 옵니다. 여호와의 집에 오면 올 때보다 갈 때 더 많은 것을 가져갑니다. 하나님의 은혜의 보따리가 몇 배로 늘어나 더 크고 많은 것을 가져갑니다. 하나님은 하나님의 전에 오는 자들에게 말할 수 없는 수천 배, 수백 배의 은혜를 주십니다.

　성 보나벤투라는 "하나님이 인간에게 기쁨을 허락하신 까닭은 인간이 받은 모든 은혜와 영원한 희망을 즐거워하게 하기 위함이다."라고 합니다. 하나님의 집인 교회는 모든 은혜와 희망이 있는 곳입니다. 교회는 하나님의 은혜와 희망을 공급합니다.

　그리스도인에게 나타나는 가장 뚜렷한 증거는 믿음이나 사랑이 아닌 기쁨입니다. 믿음이나 사랑은 얼른 그 사인이 드러나지 않지만 기쁨은 금방 드러납니다. 기쁨은 그리스도인의 거대한 비밀입니다.

　친구나 지인들이 함께 있다가 갑자기 누군가가 집에 간다고 하면 "집에 꿀단지가 있나?"라고 하는 말을 들어 보셨을 것입니다. 교회에는 영생의 물단지가 있습니다. 세상의 즐거움, 세상의 꿀과 비교할 수 없는 기쁨이 넘치는 곳이 교회입니다.

둘째. 지파들이 성전에 어떻게 올라갑니까?

　4절에는 "지파들 곧 여호와의 지파들이 여호와의 이름에 감사하려고 이스라엘의 전례대로 그리로 올라가는도다"라고 합니다. 이스라엘의 전례대로, 이스라엘에게 준 증거대로 이스라엘 모든 지파들은 성전에 올라갔습니다.

출애굽기 23：17에는 "네 모든 남자는 매년 세 번씩 주 여호와께 보일지니라"고 하십니다. 여호와의 집에 올라가는 것은 그들만이 가지고 있는 권리이며 동시에 그들이 반드시 해야 할 하나님께 대한 의무입니다. 하나님이 주신 약속과 규례를 따라 백성 가운데 남자들은 한결같이 하나님 앞에 나아가는 장면을 묘사하고 있습니다.

그들이 성전에 올라가는 것은 여호와의 이름에 감사하려는 이유 때문입니다. 유월절, 맥추절, 초막절, 이 세 절기는 모두 감사의 의미를 가지고 있는 절기입니다. 죽음의 신이 지나가고 구원받았음을 감사하고, 그들에게 수확하게 하시고 곡식이 있게 하신 것을 감사하는 절기들입니다. 그러므로 그들이 절기를 지키는 것은 감사가 목적입니다.

감사가 빠진 예배는 있을 수 없습니다. 그들은 전례, 즉 규례에 따라 성전에 올라갔는데 주일을 지키는 우리의 전례는 어떠해야 합니까? 일 년에 세 번 예배하러 교회에 오겠습니까? 아닙니다. 매주 한 번은 반드시 교회에 와서 예배해야 합니다. 일 년이면 세 번이 아니라 52번 혹은 53번 교회에 와서 예배해야 합니다.

요즘에는 그리스도인 가운데 CEO들이 많다고 합니다. CEO는 최고경영자를 말하는 것이 아니라 'Christmas and Easter Only', 즉 성탄절과 부활절에만 교회에 나오는 사람들입니다. 최근에 성도들의 예배 참석 빈도가 줄어들고, 출석률이 떨어지는 것은 참 안타까운 일입니다.

우리가 다짐하듯이 매주 세 번 이상 예배에 참석하는 것은 원래 한국 기독교인들의 기본이었습니다. 그러나 이제는 다짐해야 하고, 다짐해도 힘든 시대가 되었습니다. 또한 그렇게 예배에 참석하는 것이 당연한 일인데 마치 대단한 일처럼 인정받는 것은 잘못된 것입니다.

우리 교회가 저녁예배를 오후 3시에 드리기 시작할 때 많은 분들이 "무슨 소리입니까? 우리 교회도 다른 교회를 따라가자는 말입니까?"라고 하셨습니다. 그러나 이제는 오후 3시 예배도 참석하기 힘들어 하고, 아예 주일 낮예배만 드리는 교회가 늘고 있습니다. 이렇게 얼마쯤 지나면 오후예배나 수요예배가 없어지지 않겠느냐고 우려합니다. 그러나 그런 일은 없을 것입니다. 예배출석은 신앙의 기본이고, 신앙인의 책임입니다.

"주 예수 내 맘에 들어와 계신 후 변하여 새사람 되고 …… 물밀 듯 내 맘에 기쁨이 넘침은 주 예수 내 맘에 오심"이라는 찬송이 있습니다. 물밀 듯 넘치는 그 기쁨으로 여호와의 전에 오릅시다. 알고 보면 교회에 나오는 기쁨만 한 기쁨이 없습니다. 교회에 오면 세상이 줄 수 없는 기쁨으로 충만해집니다.

제가 유학 시절, 미국에 있을 때 한 교회의 목회를 맡게 되었습니다. 그 교회에 한 장로님이 계셨는데 정말 신실하신 분이었습니다. 이 장로님은 사업으로 인해 주일 성수가 어려워지자 주일 성수를 위해 사업을 정리하셨는데, 주일을 지킬 수 있는 사업체는 자그마한 것도 구할 수 없었습니다. 사업체를 구하려고 부단히 애썼지만 2년 동안 사업을 구하지 못하고 있는 돈은 점점 줄어들게 되었습니다. 그리고 식구들은 이런 장로님의 신앙에 불평하기 시작하였습니다.

저는 기도하면서 그 장로님을 도와 드리기로 했습니다. 아무리 노력해도 주일을 지킬 수 있는 작은 사업체를 구하지 못하여 모두가 어려워진 그 상황에서 저는 장로님께 이렇게 조언했습니다. "장로님, 아무래도 주일에 쉴 수 있는 사업을 구한다는 것은 힘들겠습니다. 사업이나 건물 임대의 조건이 그렇지 못한 것에 대해 너무 오래 고민하지 마시고 좋은 곳에 사업체를 구하세요. 그리고 주일에는 일찍 예배를 드리시고 사업은 점원에게 맡기세요. 그리고 주일의 수입은 전부 하나님께 드리면 그것이야말로 주일을 거룩하게 하는 것이 될 것입니다." 장로님은 그 조언을 기쁘게 받아들여 사업체를 얻어 주일에는 일찍 예배를 드리고 사업을 이어 가셨습니다. 그리고 그날의 수입은 원가를 제하지 않고, 매출수입 전부를 하나님께 드렸습니다. 정말 주일을 온전하게 하나님께 다 드린 것입니다. 하나님은 이런 신앙적 자세를 기뻐하십니다.

주일을 성수하고, 하나님의 전에 올라가는 것, 이것이 기쁘고 가치 있게 느껴져야 합니다. 이런 마음을 하나님은 기뻐하시고 복 주십니다. 주일이면 교회에 오는 것이 최고의 일이며 가치 있는 일이 되어야 합니다. 하나님의 말씀에 준하여 만들어진 전례에 따라 교회에 열심히 출석하고 교인으로서의 의무를 다하는 우리가 되기를 바랍니다.

Application

주일을 성수하고, 하나님의 전에 올라가는 것,
이것이 기쁘고 가치 있게 느껴져야 합니다.
이런 마음을 하나님은 기뻐하시고 복 주십니다.

○ 오늘날 주일성수의 가치가 많이 변질되었습니다. 하나님이 명하신 주일성수의 진정한 가치가 무엇인지 오늘 말씀에 비추어 다시 한번 생각해 봅시다.

○ 매 주일 성전에 나아갈 때, 나의 마음에는 기쁨이 있습니까?
주일성수의 기쁨이 온전히 회복되기 위해서 나에게 필요한 것이 무엇인지 생각해 봅시다.

¹여호와여 다윗을 위하여 그의 모든 겸손을 기억하소서 ²그가 여호와께 맹세하며 야곱의 전능자에게 서원하기를 ³내가 내 장막 집에 들어가지 아니하며 내 침상에 오르지 아니하고 ⁴내 눈으로 잠들게 하지 아니하며 내 눈꺼풀로 졸게 하지 아니하기를 ⁵여호와의 처소 곧 야곱의 전능자의 성막을 발견하기까지 하리라 하였나이다

여호와의 처소를 발견합니다

『 시편 132 : 1~5 』

Meditation

외국인에게 서울을 구경한 소감을 들어 보면 교회를 찾기가 쉽다는 말을 많이 합니다. 밤에 남산에 오르면 빨간 십자가가 서울 시내에 잔뜩 보입니다. 그래서 어느 외국인은 한국에서는 십자가를 빨갛게 만들기로 약속했느냐고 물어보기도 합니다. 한국에는 교회가 5만 개가량 됩니다. 혹자는 교회

가 너무 많다고 합니다. 그러나 아직도 전 국민의 25% 정도만이 신자이고 나머지는 전도의 대상들입니다. 교회가 많은 것 같지만 아직 교회가 더 필요합니다.

이슬람 국가에 가 보면 모스크가 많이 있습니다. 모스크의 첨탑인 미너렛은 많이 보이시만 교회는 보이지 않습니다. 교회가 많이 없기도 하지만 있는 교회도 십자가를 보이게 달 수 없기 때문입니다. 그래서 이슬람 국가나 불교 국가에서 십자가가 보이고 교회를 발견하면 반갑기 그지없습니다. 찾고 싶은 집을 찾았다는 기쁨이 마음에 가득해집니다.

저의 처가 교회는 신길동의 영동교회라는 교회입니다. 아내와 약혼한 후 그 교회를 자주 갔었는데, 지금은 돌아가셨지만 그 당시 담임목사님이셨던 김시원 목사님은 참 좋은 분이셨습니다. 전도의 열정이 많으셔서 많은 지방의 교회들을 섬기셨고, 그 당시에도 흔히 성직자복이라고 하는 옷을 늘 입고 다니셨습니다. 성품이 소박하고, 기도를 많이 하는 목사님이셨습니다. 늘 말씀하시기를, 심방 갈 때는 심방대원들이 심방하는 가정을 위해 조용히 기도하는 마음으로 가야지, 가면서 웃고 떠들고 세상 이야기를 나누면 안 된다고 하셨습니다. 한번은 주일 설교 중에 참 좋은 말씀을 하셨는데, 지금도 기억하고 있습니다. 길을 지나가다 교회를 보게 되면, 어떤 교회인지 잘 몰라도 그 교회가 복음전도의 사명을 잘 감당하도록 기도하라는 말씀이었습니다. 우리 교회뿐만 아니라 모든 교회가 열정적으로 복음을 전하는 교회가 되어야 합니다. 그 후로 저도 교회가 보이면 습관적으로 기도합니다.

예수님의 제자 빌립이 하루는 여러 헬라인을 데리고 예수님께 왔습니다. 헬라인 몇 명이 성전에 왔다가 예수님을 뵙고자 한 것입니다. 성전에 왔다는 것은 이미 그들이 마음속에 복음에 대한 열망을 가지고 있다는 증거입니다. 성전을 귀하게 여기는 사람이 복음을 받습니다. 지금도 교회를 귀하게 여기고 아끼는 사람이 복음의 사람입니다.

예수님의 제자 빌립과 같은 이름을 가졌던 일곱 집사 중의 하나인 빌립은 전도자였습니다. 빌립은 성령님께 이끌려 광야로 전도하러 갔습니다. 전도는 사람이 많은 곳으로 가서 해야지 광야로 가서 한다는 것은 어리석은 일입니다. 그러나 성령님은 빌립이 간다게의 내시를 만나게 하십니다. 내시를 통하여 아프리카 전도의 문이 열리게 하신 것입니다. 바로 이 내시는 아프리카에서 예루살렘에 예배하러 왔다가 가는 길이었습니다. 그 먼 길을 와서 예루살렘 성전에 들어가도 '이방인의 뜰'까지밖에 들어가지 못하지만 그럼에도 방문한 귀한 걸음이었습니다. 이런 사람을 하나님은 복 주시고 빌립을 만나 복음을 영접하고 세례를 받게 하신 것입니다.

시편의 기자는 여호와의 처소를 발견하기 전까지는 집에도 안 가고, 침상에도 안 오르고, 잠도 안 자겠다고 합니다. 이렇게 하나님의 성전을 사모하는 극진한 마음이 우리의 심령에도 전달되기를 바랍니다. 교회는 안전하고, 든든하고, 비가 새지 않고, 바람이 들지 않고, 그 속에 세상의 혼란한 것이 들어오지 말아야 합니다. 이런 하나님의 집을 발견하고 세우는 우리 모두가 되기를 바랍니다.

첫째, 여호와의 처소를 발견하기 전까지 무엇을 하지 않겠다고 합니까?

3~4절에는 "내가 내 장막 집에 들어가지 아니하며 내 침상에 오르지 아니하고 내 눈으로 잠들게 하지 아니하며 내 눈꺼풀로 졸게 하지 아니하기를"이라고 말합니다. 하나님의 집을 얼마나 사랑하는지 그 처소를 발견하지 전까지는 집에 들어가지도 않고, 침대에서 잠을 자지도 않겠다고 합니다. 과연 하나님의 교회에 대한 이런 열정이 우리에게 있습니까?

장막은 문자적으로는 텐트입니다. 침상은 침실의 침대입니다. 고대 족장 시대 유목민들의 생활을 그대로 묘사하고 있습니다. 시편의 기자가 간절하게 사모하는 것은 하나님의 집을 우선적으로 건축하는 것입니다. "내 눈으로 잠들게 하지 아니하며"라는 말은 나의 약속이 이루어지기 전까지는 결코 안식하지 않겠다는 의지입니다.

　미국의 로저 밥슨 기자가 아르헨티나의 정치 지도자와 인터뷰를 하였습니다. 인터뷰를 시작하려는데 그 정치 지도자가 먼저 이 기자에게 질문하였습니다. "유럽의 백인들이 제일 먼저 정착한 곳은 북미가 아닌 남미입니다. 남미는 북미보다 땅이 비옥하고, 지하자원이 풍부합니다. 그런데 왜 남미가 북미보다 못 사는지 아십니까?" 그리고는 자신의 질문에 대하여 스스로가 해답을 주었습니다. "남미는 스페인 사람들이 황금을 구하러 왔고, 북미는 청교도들이 신앙을 지키기 위해 왔기 때문입니다." 신앙 제일주의, 교회 제일주의가 나라를 번성하게 합니다. 이 사실을 우리 민족도 꼭 배우기를 바랍니다.

　사도행전 23 : 21에는 "바울을 죽이기 전에는 먹지도 않고 마시지도 않기로 맹세한 자 사십여 명이 그를 죽이려고"라고 합니다. 세상에는 그릇된 일에 목숨을 거는 사람들이 제법 많이 있습니다. 복음을 위하여 목숨을 걸어야 할 텐데 오히려 그 반대되는 일에 목숨을 거는 사람들이 많이 있습니다. 하나님의 사랑을 전하는 일에, 신앙을 수호하는 일에, 교회를 세우고 아끼는 일에 목숨을 거는 우리 모두가 되기를 바랍니다.

　둘째, 여호와의 처소는 무엇입니까?

　5절에는 "여호와의 처소 곧 야곱의 전능자의 성막을 발견하기까지 하리라 하였나이다"라고 합니다. 여호와의 처소는 야곱의 전능자의 성막이라고 합니다. 야곱의 전능자는 하나님이십니다. 하나님의 성막은 비록 초라하지만 분명히 하나님의 집입니다. 성막이란 히브리어 '쉬카노트'인데 문자적인 뜻은 '처소', '머무는 곳'입니다. 성막이 누구의 처소입니까? 누가 머무는 곳입니까? 하나님이 머무시는 곳입니다.

관광객이 영국 런던의 웨스트민스터 사원을 방문하였습니다. 관광 안내원은 침이 마르게 사원을 소개하였습니다. 언제 건립이 되었으며, 누가 묻혀 있고, 채색유리는 얼마나 비싼 것이고, 이 사원의 가치는 얼마나 되는가를 자세히 설명하였습니다. 그런데 어느 관광객이 안내원에게 물었습니다. "그런데 이 교회를 통하여 얼마나 많은 사람이 구원을 받았습니까?" 이 질문을 받은 안내원은 유구무언이었다고 합니다. 교회는 하나님이 계시는 곳, 성령님이 머무시는 곳이어야 합니다. 그곳을 섬긴 사람, 그곳에 묻힌 사람이 중요한 것이 아니라 하나님이 머무시는 교회, 하나님을 믿는 사람이 많은 교회가 참된 교회입니다.

시편 26:8에는 "여호와여 내가 주께서 계신 집과 주의 영광이 머무는 곳을 사랑하오니"라고 고백합니다. 주님이 계시는 곳은 영광이 머무는 곳입니다. 하나님의 성막은 주님이 머무시는 곳입니다. 주님의 영광이 머무는 곳입니다. 이렇게 하나님의 영광이 머무는 교회를 늘 사모하는 마음은 하나님이 복 주시고 기뻐하시는 마음입니다.

미국의 루즈벨트 대통령 시절에 대통령이 자주 출석하던 교회에 어떤 부인이 와서 물었습니다. "오늘 대통령께서 오십니까?" 이 질문을 받고 안내를 하던 집사님이 이렇게 대답하였답니다. "대통령께서 오실지 안 오실지는 모르겠는데 예수님은 분명히 오십니다."

삭개오는 예수님께서 여리고로 오신다는 소문을 듣고 예수님을 보려고 나갔습니다. 키가 작고 사람이 많아 예수님을 볼 수 없었던 그는 나무 위에 올라갔습니다. 예수님께서는 그런 삭개오를 보시고 나무에서 내려오라고 하십니다. 그리고 황송하게도 예수님은 삭개오의 집에 들어오셨습니다. 예수님은 "내가 오늘 네 집에 유하여야 하겠다."고 하셨습니다. 삭개오는 세리로서 온 유대인이 그를 싫어했으며 열심당원들은 그를 죽이려 했습니다. 한마디로 공공의 적이었습니다. 하지만 예수님이 들어오심으로 삭개오의 집은 비난받는 자의 집에서 모두가 부러워하는 자의 집으로 변화되었습니다.

예수님이 들어오셨기 때문입니다. 예수님이 들어오시면 누구나 부러워하는 집이 됩니다.

　영국의 버밍햄 근교에 '부룩사이드'란 작은 수양관이 있습니다. 예쁜 시내가 흐르는 수양관입니다. 그 수양관에는 간디가 머물던 방이 있습니다. 저도 그 방에서 하룻밤을 잤습니다. 그런데 이전에 어느 부인이 그 방에 머물게 되었다고 합니다. 방에 들어가 보니 침대가 둘이 있었습니다. 여인은 가급적이면 간디가 누웠던 침대에 자고 싶은 생각에 어느 침대일까 궁리를 하다가 침대 둘을 붙여 놓고 가로로 누워서 잤다고 합니다. 어느 침대이든지 절반은 자신의 몸이 걸쳐 있을 수 있었기 때문입니다. 여인은 아침에 일어나서 직원에게 물어보았습니다. "이 두 침대 가운데 간디가 어느 침대에 잤습니까?" 직원의 대답은 전혀 의외였습니다. "간디는 침대에 자지 않고 바닥에서 잤습니다."

　지방이나 외국의 호텔에 가 보면 그 방에서 어느 나라 대통령이 머물렀다, 세계적 유명 인기인이 머물렀다고 하여 액자를 걸어 놓는 경우를 볼 수 있습니다. 내가 아는 유명인이 그곳에 머물렀다고 하면 괜히 기분이 좋습니다. 하물며 예수님께서 머무시는 곳에서는 기분이 어떻겠습니까? 우리 하나님이 계시는 하나님의 집에서는 기분이 어떻겠습니까? 하나님이 머무시는 하나님의 집에 올 때마다 이와는 비교할 수 없는 감격과 기쁨이 있기를 바랍니다.

　청교도들이 천신만고 끝에 신대륙에 도착하였습니다. 인디언에게 생명의 위협을 받으며, 추위와 싸우며 땅을 일구기 시작하였습니다. 그런 그들이 이 신대륙에 와서 제일 먼저 한 일은 예배하는 일이었습니다. 제일 먼저 건축한 것이 교회였습니다. 그 다음에 건축한 것이 학교였습니다. 그리고 자신들의 집은 제일 마지막에 지었습니다. 이런 그들의 신앙과 정신이 미국을 최

강국으로 만든 것입니다. 미국은 청교도가 남긴 유산입니다. 1776년, 식민지 개척자들인 영국인들을 몰아냈을 당시 그 땅에 거주하던 자들의 무려 75%가 청교도였습니다. 미국의 좋은 점은 거의 청교도에게서 왔고, 나쁜 점은 이 세계관을 거부한 데서 왔다고 말해도 과언이 아닐 것입니다.

신령한 의미에서 우리가 한국의 청교도가 됩시다. 교회제일주의, 즉 교회를 세우기 전에 내 집을 세우지 않고, 교회를 보기 전까지는 먹지도 않고, 침상에서 자지도 않고, 개인의 명예를 누리지도 않겠다는 것이 우리의 마음이기를 바랍니다. 우리 모두에게 교회를 사랑하는 이런 마음이 극진하기를 기원합니다.

Application

신령한 의미에서 우리가 한국의 청교도가 됩시다.
제일 먼저 예배하고 제일 먼저 교회를 지으며,
교회를 사랑하는 마음이
극진하기를 원합니다.

○ 오늘날 성도들에게는 교회를 사랑하는 마음보다 자신의 만족을 더 중요하게 생각하는 경향이 많아졌습니다. 그래서 설교가 마음에 안 들거나 관계에 문제가 생기면, 자신의 감정이 가장 중요하기에 너무나 쉽게 교회를 옮겨 버립니다.
나의 모습은 어떠한지 말씀에 비추어 점검해 보십시오.

○ 나는 우리 교회가 외형적으로 화려하고 좋은 교회라서 좋아하거나, 또는 볼품없고 초라해 보인다고 해서 싫어하고 있지는 않습니까?
외형적인 것과 상관없이 하나님이 함께하시는 교회가 가장 아름다운 교회임을 기억하고, 우리 교회가 그런 교회로 세워지도록 기도하십시오.

¹보라 밤에 여호와의 성전에 서 있는 여호와의 모든 종들아 여호와를 송축하라 ²성소를 향하여 너희 손을 들고 여호와를 송축하라 ³천지를 지으신 여호와께서 시온에서 네게 복을 주실지어다

성전에서 여호와를 송축합니다

『 시편 134 : 1~3 』

하나님을 복되게 하는 방법이 무엇이라고 생각합니까? 마치 부모님께 하듯, 하나님의 이름을 드러내고, 하나님의 자녀답게 살고, 하나님의 집을 자주 방문하고, 하나님께서 주신 물질에 대해 제대로 봉헌하고, 세상에서 영적으로나 육적으로나 건강하게 사는 것입니다.

'여호와를 송축하라'는 말씀이 성경에 여러 번 기록되어 있습니다. 이 말을 영어 성경 KJV에서는 'bless the Lord', 즉 '복되게 하라'고 번역하였습니다. NIV에서는 'praise the Lord', 즉 '여호와를 찬양하라'고 번역하였습니다. 하나님을 송축하는 것은 하나님을 복되게 하는 것입니다. 하나님을 찬양하는 것입니다.

시편 145 : 1에는 "왕이신 나의 하나님이여 내가 주를 높이고 영원히 주의 이름을 송축하리이다"라고 합니다. 이 구절의 KJV 번역본은 "I will bless thy name for ever and ever"입니다. 이는 곧 "내가 당신의 이름을 영원히 복되게 하리이다."라는 말입니다. 아무리 생각해도 이해가 되지 않는 것은 우리가 하나님을 복되게 한다는 것입니다. 우리는 주로 하나님께 복을 받는 것에만 관심이 있습니다. 하나님을 복되게 하는 것에는 관심이 별로 없습니다. 이제부터라도 하나님을 복되게 하는 일에 관심을 가집시다.

어떻게 하면 하나님이 복되게 할 수 있겠습니까? 우리가 하나님의 복을 받고 살 때 하나님도 복되실 것입니다. 우리가 복을 받지 못하고, 안타까운 모습으로 살면 그 반대일 것입니다. 우리가 잘 살아야 부모님이 기뻐하시듯 우리가 잘 살아야 우리 하나님 아버지께서도 기뻐하시고 하나님께 복이 되는 것입니다.

성경은 하나님을 송축하라고 합니다. 그 이름을 영원히 복되게 하라고 합니다. 어떻게 하나님을 복되게 합니까? 우리가 부지런히 일하고, 열심히 하나님의 말씀을 공부하고, 새로운 태신자가 많이 생겨서 교회마다 아기 울음소리가 많아지면 하나님의 이름을 복되게 할 수 있을 것입니다. 이렇듯 하나님의 이름을 복되게 하는 일은 송축에서 비롯된다는 것을 기억합시다.

첫째, 누가 성전에서 여호와를 송축합니까?

1절에는 "보라 밤에 여호와의 성전에 서 있는 여호와의 모든 종들아 여호와를 송축하라"고 합니다. 여호와의 성전에서 여호와의 모든 종들이 여호와를 송축합니다. 교회에 나온 모든 성도는 모름지기 여호와를 송축하는 자가 되어야 합니다. 하나님을 복되게 해야 하는 사명이 있습니다.

'밤에' 라는 말은 한밤에 성전에서 노래하는 자들이 있었다는 것을 알려 주는 말입니다. 중세 수도원에서는 찬양대가 밤새 찬양을 계속하였다고 합니다. 사람들이 깨어 있을 때뿐 아니라 모든 사람이 잠든 밤에도 하나님을 찬양했습니다. 왜냐하면 사람들은 잠들었지만 하나님은 밤에도 깨어 계시므로 하나님께 찬양하는 것입니다. 하나님을 복되게 하는 것입니다.

역대상 9 : 33에는 "또 찬송하는 자가 있으니 곧 레위 우두머리라 그들은 골방에 거주하면서 주야로 자기 직분에 전념하므로 다른 일은 하지 아니하였더라"고 합니다. 찬송하는 자들은 주야로 자기 직분에 전념했습니다. 낮과 밤을 가리지 않고 찬양하는 것은 하나님이 주무시지 않기 때문입니다. 하나님께서 밤낮으로 찬양하는 것을 가장 기뻐하시기 때문입니다.

'주야' 로 찬송하라는 말은 '항상 찬송하라', '항상 복되게 하라' 는 의미입니다. 하나님을 찬양하고 하나님을 복되게 하는 데는 정한 시간이 따로 없습니다. 무시로 하나님을 찬양해야 합니다. 이는 우리가 주일예배 시간에만 예배하는 것이 아니라 항상 예배하는 것과 마찬가지입니다.

다윗은 성전 건축에 쓸 모든 자재 준비를 끝내고 나서 하나님께 감사의 기도를 드립니다. 역대상 29 : 20에는 "다윗이 온 회중에게 이르되 너희는 너희 하나님 여호와를 송축하라 하매 회중이 그의 조상들의 하나님 여호와를 송축하고 머리를 숙여 여호와와 왕에게 절하고"라고 합니다. 온 회중이 여호와를 송축하였습니다. '여호와와 왕께' 송축하였습니다. 여호와를 송축하는 왕도 함께 존경을 받았습니다. 예수님을 잘 믿는 부모를 가진 자녀는 예수님을 공경합니다. 그리고 그 예수님을 공경하는 부모도 자녀들의 존경을 받는 법입니다. 우리 자녀들이 하나님을 찬양하는 부모님을 존경할 것입니다. 새벽기도에 자녀들이 함께 출석하면 부모가 자녀들에게 존경받는 법입니다.

둘째, 어떻게 여호와를 송축합니까?

2절에는 "성소를 향하여 너희 손을 들고 여호와를 송축하라"고 합니다. 여호와를 송축하는 하나님의 사람들이 성소를 향하여 손을 들고 송축합니다. 몸과 손이 성소를 향한다는 것은 마음이 성소를 향해 있다는 상징입니다. 항상 마음이 하나님께로 향해 있다는 증거입니다. 재물이 있는 곳에 마음도 있고 우리의 마음이 있는 곳에 우리의 몸도 있습니다.

"마음은 콩밭에 있다." 혹은 "참새 방앗간"이란 말이 있습니다. 마음이 있는 곳으로 몸이 향하기 마련입니다. 그곳을 향하여 손을 들게 마련입니다. 나침반은 항상 북쪽을 가리킵니다. 자석은 전 세계 어디에서나 북쪽을 향해 있습니다. 마찬가지로 모든 주의 백성은 어느 곳에 있든지 주의 전을 향해 있습니다. 사방에서 성소를 향해 옵니다. 모든 곳에서 하나님의 백성들이 손을 들고 옵니다. 이런 모습은 아주 자연스러운 현상입니다. 성소 중심의 삶을 사는 사람들의 자연스러운 모습입니다.

'손을 든다' 는 것은 기도하는 것을 표현합니다. 포괄적으로는 '찬양하다' 혹은 '예배하다' 라는 의미입니다. 성경을 보면 하나님의 백성들은 기도할 때에 손을 들었습니다. 이스라엘 백성들이 출애굽 후 처음으로 아말렉과 전쟁할 때에 모세는 하나님의 지팡이를 들고 산꼭대기에 올라가 손을 들었습니다. 모세의 손이 들려 있을 때 그들은 전쟁에서 이겼습니다. 하나님께 기도하는 모세의 모습입니다.

또한 이 말씀은 제사장들의 일상적 업무인 예배에 대한 명령입니다. 늘 마음이 성전을 향하도록 하라고 하십니다. 그리고 성전을 향하여 손을 들라고 하십니다. 제사장들은 제사하는 시간뿐만 아니라 항상 그의 손이 성전을 향해야 하며, 마음이 항상 주의 집을 향해 있어야 합니다.

다니엘은 하루에 세 번, 창문을 열고 기도하였습니다. 어디를 향해 창문을 열었습니까? 예루살렘을 향해 열었습니다. 예루살렘은 하나님이 계시는 곳입니다. 성전이 있는 곳입니다. 다윗은 성전이 있는 곳을 향해 기도한 것입니다. 성전을 늘 사모하고 마음의 중심이 그곳을 향해 있는 것은 복된 일입니다.

에스겔 21 : 2에는 "인자야 너는 얼굴을 예루살렘으로 향하며 성소를 향하여 소리 내어 이스라엘 땅에게 예언하라"고만 했습니다. 예루살렘 사람들에게 예언하려면 예루살렘을 향해야만 했습니다. 일상에서 우리의 마음이 늘 성전을 향해 있기를 바랍니다. 교회가 우리 마음의 중심이 되기를 바랍니다. 이렇듯 하나님의 성전이 마음의 중심에 있어야 참 그리스도인입니다.

아우구스티누스는 「하나님의 도성」에서 이렇게 말합니다. "고통은 동일하나 고통당하는 사람은 동일하지 않습니다. 선한 사람은 똑같은 고통 속에서도 하나님을 찾으며 하나님을 찬양합니다. 모든 사람이 무슨 고통을 당하느냐가 문제가 되는 것이 아니라 어떻게 당하느냐가 문제입니다. 똑같은 미풍이 불어오지만 오물은 더러운 냄새를 풍기고, 거룩한 기름은 향기로운 냄새를 풍깁니다."

하나님 중심주의, 교회제일주의는 세상의 고통을 이깁니다. 이런 믿음을 가진 사람에게서는 찬양이 늘 넘칩니다. 항상 교회를 향해 손을 들고 삽시다. 교회가 우리 삶의 중심이 되어 늘 교회를 향하여 살고, 교회를 향하여 손을 들고 기도하며, 교회를 사랑하는 우리가 되기를 바랍니다.

Application

교회가 우리 삶의 중심이 되어
늘 교회를 향하여 살고,
교회를 향하여 손을 들고 기도하며,
교회를 사랑하는 우리가 되기를 바랍니다.

° 나의 삶을 통해 하나님을 복되시게 할 수 있습니다.
그러기 위해 나의 삶의 영역에서 어떠한 노력들이 필요한지 생각해 봅시다.

° 다니엘이 구체적으로 하루에 세 번 시간을 정하여 기도했던 것처럼, 나의 마음을 하나님께 향하게 하기 위한 구체적인 실천방법이 무엇이 있을지 생각해 봅시다.

¹할렐루야 여호와의 이름을 찬송하라 여호와의 종들아 찬송하라 ²여호와의 집 우리 여호와의 성전 곧 우리 하나님의 성전 뜰에 서 있는 너희여 ³여호와를 찬송하라 여호와는 선하시며 그의 이름이 아름다우니 그의 이름을 찬양하라

성전에 있는 우리가 여호와를 찬송합니다

『 시편 135 : 1~3 』

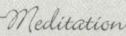

"이유 없는 반항"이란 영화가 있었습니다. 1955년 작품으로 제임스 딘이란 전설적인 배우가 주연한 영화입니다. 이유 없는 반항이라고 하지만 사실 이유 없는 반항은 없습니다. 알고 보면 다 이유가 있습니다. 흔히 사춘기라서 이유 없는 반항을 한다고 합니다. 그러나 사춘기의 반항은 이유 없는 반

항이 아니라 부모와 분리되는 시기이므로 부모에게 반항할 수밖에 없는 것입니다.

예배하는 이유를 성경은 이렇게 말합니다. "이는 여호와의 유월절 제사라 여호와께서 애굽 사람에게 재앙을 내리실 때에 애굽에 있는 이스라엘 자손의 집을 넘으사 우리의 집을 구원하셨느니라"(출 12 : 27). 하나님께서 애굽 사람들의 손에서 이스라엘을 건져 내어 구원을 주셨기에 그들은 하나님을 찬양합니다. 구원이 찬양의 이유입니다. 우리에게 가장 큰 구원을 주셨기에 하나님이 가장 좋아하시는 찬양을 올려 드리는 것입니다.

인간이 존재하는 이유가 무엇입니까? "하나님을 영화롭게 하고 영원토록 그를 즐거워하는 것입니다"(소요리문답 1번). 하나님을 영화롭게 하는 것이 인간의 제일 되는 목적인데, 하나님을 영화롭게 하지 못하는 삶을 산다면 인간의 가장 중요한 첫 번째 목적을 어기고 사는 것입니다. 가장 중요한 것을 어기고 살면 그 다음의 것은 더 쉽게 어길지도 모릅니다. 그러므로 하나님을 영화롭게 하고 사는 사람이 모든 것을 잘 지킬 수 있습니다.

오래전 정신노래선교단의 "노래할 이유 있네"라는 노래가 참 많이 불렸습니다. "노래할 이유 있네 내 죄를 주가 씻었네 노래할 이유 있네 새 생명 내게 주셨네 노래할 이유 있네 날마다 찬양하리라 노래할 이유 있네 노래할 이유 있네 하늘 문이 열리면 노래할 이유 있네 놀라운 일 그곳에 있으리 노래할 이유 있네" 해야 할 이유가 없는 노래는 없습니다. 삶의 모든 부분에 대해 그 이유를 분명히 안다면 삶은 의미 있고, 보람 있고, 성공적일 것입니다. 또 누구나 이런 이유 있는 삶을 원하고 있습니다.

아무 이유와 목적이 없이 이리저리 방황하는 사람들이 많습니다. 예수님은 이런 사람들에게 "너희가 무엇을 보려고 나갔더냐"라고 말씀하십니다. 갈대를 보려고 나간 사람도 있고, 좋은 옷을 입은 사람을 보려고 간 사람도 있는 모양입니다.

오늘 이른 새벽에 교회에 나온 이유가 무엇입니까? 우리가 하나님께 예배하는 이유가 무엇입니까? 하나님을 찬양하는 이유가 무엇입니까? 이유가 분명한 삶을 사는 것이 우리의 책임이며 하나님께 영광이 되는 삶입니다. 하나님을 찬양할 이유를 말씀 속에서 찾아봅시다.

첫째, 여호와의 집을 무엇이라고 부릅니까?

2절에는 "여호와의 집 우리 여호와의 성전 곧 우리 하나님의 성전 뜰"이라고 합니다. 여호와의 성전, 하나님의 성전 뜰이 여호와의 집입니다. 시편 84편에는 주의 장막, 여호와의 궁정, 주의 제단, 주의 집, 주의 궁정, 하나님의 성전, 여호와의 성전, 하나님의 성전 등 하나님의 집에 대한 다양한 표현이 나옵니다. 이러한 고백의 표현은 시편 기자의 여호와의 집에 대한 소감이며 느낌일 것입니다.

우리는 교회를 무엇이라고 부를 수 있을까요? 예배당, 교회, 성당, 사원, 대성당 등 다양하게 교회를 부릅니다. 교회를 어떻게 부르느냐에 따라 우리의 교회의 대한 감정이 달라질 것입니다. 집은 안식처이며, 보금자리이며, 둥지이며, 따뜻한 품이며, 작은 천국입니다. 그런데 어떤 이에게 집은 죄의 소굴이며, 난장판이며, 지옥입니다.

여러분은 교회를 무엇이라 부릅니까? 교회를 무엇이라 부르는지는 자신의 신앙고백에 달려 있습니다. 사랑의 척도가 그 고백에 담깁니다.

사막의 수도사 카를로 카레토는 "오, 나의 교회여, 나는 그대를 비판할 말이 너무 많다오. 그러나 나는 그대를 사랑한다오."라고 하였습니다. 세상에 온전한 교회는 없습니다. 모든 교회가 문제를 안고 있습니다. 그러나 교회는 귀하고, 사랑스럽고, 하나님이 계시는 곳입니다. 모든 하나님의 교회는 우리가 사랑하고 귀하게 여겨야 할 하나님의 집입니다.

교회는 여호와의 집입니다. 교회는 성전입니다. 교회는 하나님 전입니다. 교회는 하나님과의 만남의 장소입니다. 하나님을 만나고, 하나님을 기억하고, 하나님을 예배하는 곳이 교회입니다. 요한복음 2 : 17에는 "제자들이 성경말씀에 주의 전을 사모하는 열심이 나를 삼키리라 한 것을 기억하더라"고 합니다. 주의 전을 사모하는 열심이 있으면 내가 부르는 교회의 이름이, 내가 사모하는 하나님의 이름이 달라질 것입니다.

둘째, 여호와를 찬양하는 이유는 무엇입니까?

3절에는 "여호와는 선하시며 그의 이름이 아름다우니 그의 이름을 찬양하라"고 합니다. 여호와는 선하십니다. 그리고 그분의 이름은 아름답습니다. 하나님을 찬양하는 이유는 바로 하나님의 선하심과 그 이름의 아름다움에 있습니다. 이런 하나님의 본성은 우리의 찬양을 받기에 합당하신 것입니다.

여호와의 선하심은 여호와의 성품입니다. 하나님은 온전한 '선' 이십니다. 하나님께는 선 외에 조금의 악도 없습니다. 온전하게 선하신 하나님은 우리의 찬양을 받으십니다. 그리고 하나님 한 분 외에 선한 존재는 아무도 없습니다. 하나님의 성품에는 선밖에 없습니다. 악이라고는 조금도 없으십니다.

"그는 선하시며 그 인자하심이 영원함이로다"라는 하나님께 대한 찬양은 시편에 여러 번 등장하는 감사 고백이며, 찬송하는 이유입니다. 하나님의 이름이 아름답다는 것을 직역하면 '(이것이) 사랑스럽기 때문이다' 라는 뜻입니다. 이 말은 "찬양하라. 여호와는 선하시기 때문이다. 시편으로 그의 이름을 찬양하라. 찬양은 사랑스러운 것이기 때문이다."라는 하나님께 대한 찬양입니다.

하나님의 선하심은 우리로 하여금 찬양하게 합니다. 하나님의 선하심만 하더라도 우리에게는 얼마든지 찬양할 이유가 됩니다. 우리도 이와 같이 찬양이 끊이지 않는 성도가 되기를 바랍니다.

어느 큰 도시에 부자가 살고 있었습니다. 부잣집 양쪽에 대장장이와 목수가 살고 있었는데 이들은 예수를 잘 믿는 자들이었습니다. 이들은 매일 망치소리에 맞춰 찬송을 불렀습니다. 망치소리도 시끄러운데 찬송까지 부르니 비위가 상하고 견딜 수가 없었습니다. 그러나 뾰족한 수가 없어 그들이 떠나기만을 기다리고 있었습니다. 그러던 어느 날 대장장이가 부자를 찾아와서 말했습니다. "이사를 가게 되어 잠시나마 뵙고 인사를 드리려 찾아왔습니다." 부자는 마음속으로 기쁘면서도 "이사를 가다니 섭섭하네. 우리 한번 식사나 같이 하고 이사 가게." 하며 식사를 대접했습니다. 대장장이는 처음 먹어 보는 음식들을 맛있게 먹고 있었습니다.

　한창 둘이서 식사 중인데 목수가 찾아와서 "집을 옮기려 합니다. 인사 차 왔습니다." 하고 말하였습니다. 부자는 목수마저 이사를 한다니 이런 기쁜 일이 있을 수 있을까 생각했습니다. 부자는 기쁘면서도 "섭섭해서 어쩌나. 둘 다 떠난다니 식사나 하지. 마침 대장장이가 이사한다고 하여 식사를 막 시작하였네." 하고 말했습니다. 이들이 식사를 마치고 떠날 때 부자는 이들에게 "종종 들리게. 편지도 하고."라고 말하며 작별인사를 하였습니다. 그런데 그때 대장장이가 "섭섭해 하실 것 없습니다. 우리 둘이 집을 맞바꾸기로 했습니다."라고 하는 것이었습니다. 부자는 맥이 풀리고 몹시 기분이 상했지만 "둘 다 떠나는 줄 알고 섭섭했네. 암튼 같이 잘 지내세. 찬송소리는 듣기 싫어도 계속 들어야겠구먼." 하고 말하였답니다.

　가난하지만 찬송하며 사는 자들이 행복하고 삶에 은혜가 넘칩니다. 이런 찬송할 이유가 충분한 우리가 되기를 바랍니다.

Application

참된 신앙고백에서 우러나오는
찬송할 이유가 있는 자들이 행복한 법입니다.
찬송하며 사는 자들이
행복하고 삶에 은혜가 넘칩니다.

° 나는 나의 삶의 목적과 존재의 이유를 무엇이라고 고백할 수 있습니까?
나 자신만의 신앙고백을 적어 보십시오.

° 출석하고 있는 교회의 모든 점이 다 마음에 들 수는 없습니다.
비록 마음에 들지 않고, 어려운 점이 있다 하더라도 그곳이 하나님이 사랑하는 곳이기에 나 또한 사랑할 수 있게 해 달라고 기도합시다.

¹내가 전심으로 주께 감사하며 신들 앞에서 주께 찬송하리이다 ²내가 주의 성전을 향하여 예배하며 주의 인자하심과 성실하심으로 말미암아 주의 이름에 감사하오리니 이는 주께서 주의 말씀을 주의 모든 이름보다 높게 하셨음이라

주의 성전을 향하여 예배합니다

『 시편 138 : 1~2 』

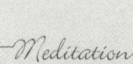

하나님을 기쁘시게 하는 예배는 감정적인 것과 동시에 교리적이어야 합니다. 이 말은 우리의 마음과 머리를 모두 사용해야 한다는 것입니다. 영과 진리의 예배란 성령의 감동 속에서 예수님을 예배의 대상으로 드리는 예배를 의미합니다. 영과 진리의 예배란 경건성과 축제성, 두 요소를 다 가지고

있어야 참 예배라는 것입니다.

아우구스티누스는 예배는 머리에서 발끝까지 주를 찬미하는 것이라고 하였습니다. 예배는 예수님과 사랑에 빠지는 것입니다. 예배 형식이 어떻든 예배는 하나님께 드리는 것입니다. 예배의 대상이 분명해야 합니다. 예배는 하나님 중심으로 드려져야 합니다. 그리고 예배는 온 맘을 다해 드려야 합니다.

고린도전서 14 : 15에는 "그러면 어떻게 할까 내가 영으로 기도하고 또 마음으로 기도하며 내가 영으로 찬송하고 또 마음으로 찬송하리라"고 합니다. 육신으로는 이미 예배하지만 영으로 기도하고, 영으로 찬송하는 예배가 되어야 합니다.

북미주 대부분의 교회들이 주일 오전 11시에 예배를 드렸습니다. 주일 오전 11시에 예배를 시작한 이유는 소젖을 짜는 데 편의를 도모하기 위해서였습니다. 소젖을 짜는 시간을 피해서 예배하기 위해 11시로 정한 것입니다. 그런데 지금은 이러한 상황이 아닌데도 11시가 마치 예배하기 가장 좋은 시간처럼 여겨지고 있습니다. 주일 예배를 오전 11시에 시작하는 것은 관습법입니다.

예배 시간도 얼마든지 상황에 따라 변경이 가능합니다. 예배의 시간보다 더 중요한 것은 예배자의 자세입니다. 모든 예배는 하나님이 함께하시는 예배입니다. 예배자는 자기 스스로가 삶을 주도하고자 하는 분주한 마음을 버려야 합니다. 자신의 삶을 주님께 온전히 맡겨야만 바른 예배가 될 수 있습니다. 다음의 내용을 살피며 온전한 예배를 더욱 사모해 나갑시다.

첫째, 예배는 어디를 향하여 합니까?

2절에는 "내가 주의 성전을 향하여 예배하며"라고 합니다. 시편의 예배자는 주의 성전을 향하여 예배합니다. 성전 뜰에서 성소를 향하듯 주의 성전을 향하여 예배합니다. 예배는 하나님의 전에서 예배해야 참 예배가 되는 것입니다.

하나님은 우주 만상에 유일하신 분이십니다. 하나님은 오직 한 분이십니다. 이런 하나님의 유일성은 태양은 둘일 수 없다는 말로 표현됩니다. '논어 해설서'에는 태양이 하나인 것을 이렇게 해석합니다. 원래 하늘에는 태양이 둘이었는데 태양이 둘이다 보니 너무 뜨거워 궁인(弓人)이 임금의 명을 받고 하나를 떨어트려 지금은 하나밖에 없다고 말입니다. 이 말은 임금은 둘일 수 없다는 것을 의미한다고 합니다. 우리 하나님이 한 분이라는 것은 이러한 의미와는 차원이 다릅니다. 하나님은 온 세상의 창조자로 유일한 신이십니다.

성전을 향한 다윗의 일편단심이 잘 표현된 말씀이 다시 나타납니다. 다윗은 성전 건축에 대한 열망이 극진했습니다. 하나님은 다윗의 칼에 많은 피가 묻은 것을 아시고 성전 건축을 금하셨습니다. 성전을 건축할 왕이 되기에는 피를 너무 많이 흘렸다는 것입니다. 대신 다윗의 아들 솔로몬으로 하여금 성전 건축을 하게 하셨습니다.

하나님의 전을 건축하는 일에는 준비하는 자인 다윗과 완성하는 자인 솔로몬이 각자의 역할을 하였습니다. 성전 건축은 준비가 철저해야 합니다. 준비가 없이 하나님의 전을 건축하는 일은 있을 수 없습니다. 준비하는 자와 완성하는 자가 바뀌어도 안 됩니다. 준비하는 자는 완성하지 못하며, 완성하는 자는 준비하지 못합니다.

랍비 아브라함 헤셸은 "기도와 예배에서 성령의 능력은 그 전 시간에 결정된다."라고 하였습니다. 예배 전에 잡담하지 말고 수다 떨지 말 것을 강조하였습니다. 예배에 올 때 이미 마음이 전을 향하고, 준비하는 과정에서 이미 예배가 시작되는 것입니다. 예배는 성전을 향하는 일입니다. 몸을 교회로 향해야 하며, 마음을 성전으로 향해야 합니다. 집에서 예배를 준비하는 것으로 이미 예배는 시작된 것입니다.

둘째, 예배의 가장 중요한 요소는 무엇입니까?

2절 하반절에는 "주의 인자하심과 성실하심으로 말미암아 주의 이름에 감사하오리니"라고 합니다. 예배의 가장 중요한 요소는 주의 이름에 감사하는 것입니다. 감사가 빠진 예배, 감사가 빠진 기도, 감사가 빠진 봉헌은 없습니다. 감사는 모든 성도의 의무이며 가장 소중한 특권입니다. 1절에는 "내가 전심으로 주께 감사하며"라고 합니다. 감사가 풍성한 다윗은 그 마음이 감사로 꽉 차 있습니다.

예배는 한마디로 하나님께 초점을 맞추는 데서 시작합니다. 예배라는 단어에는 원래 '가치를 인정하다' 라는 의미가 담겨져 있습니다. 하나님께 초점을 맞추면 저절로 감사가 풍성하게 될 것입니다. 하나님께 초점을 맞추지 않으면 감사를 상실하게 됩니다. 감사의 근원은 하나님이시기 때문입니다.

감사에는 몇 가지 초점이 있습니다. 첫째는 하나님께 초점을 맞추는 것입니다. 하나님께 초점을 맞추고 하나님 편에서 나의 일을 보면 감사가 풍성할 것입니다. 반면에 내 편에서 하나님의 일을 보면 불평이 가득하게 될 것입니다. 둘째는 우리가 가지고 있는 것에 초점을 맞추는 것입니다. 내가 가지고 있지 않은 남의 것에 관심을 가지면 불평이 가득하게 됩니다. 사람은 자기 것만 가지고 평생을 써도 다 쓰지 못하는 존재임을 기억합시다. 셋째는 미래에 초점을 맞추는 것입니다. 인간은 소망의 존재입니다. 인간은 누구에게나 미래라는 소망의 날이 있습니다. 넷째는 하나님의 약속에 초점을 맞추는 것입니다. 하나님의 약속은 반드시 이루어지며, 하나님의 약속은 이루어지지 않은 실재입니다. 다섯째는 소유가 아니라 존재에 초점을 맞추는 것입니다. 하나님의 인간에 대한 관심은 소유가 아니라 존재입니다. 우리에게도 소유가 아니라 존재가 귀합니다. 우리가 무엇을 소유하고 있다는 것보다, 하나님의 자녀가 된 것만으로 최고의 감사를 드릴 수 있습니다.

성경은 '주의 인자하심'(23편, 48편 등), '주의 성실하심' 등이 우리가 감사드릴 조건이라고 합니다. 주의 사랑은 풍성하며, 주의 성실하심은 변치 않기에 우리에게 감사의 조건입니다. 하나님의 인자하심과 성실하심만 가지고도 인간은 감사하며 살아야 합니다.

신학자 헬무트 틸리케는 제2차 세계대전 중 피난처에 잠시 있었습니다. 함께 피난처에 있던 교인들이 "주님, 이 폭격에서 우리를 구해 주십시오."라고 하는 기도 소리를 여러 차례 듣곤 하였습니다. 그들의 초점은 하나님이 아니라 폭격이었습니다. 그들은 기도하면서 머리에 하나님을 그리지 않았습니다. 그들은 머리에 떨어지는 폭탄을 상상하고 있었습니다. 우리가 예배할 때, 기도할 때 초점이 분명해야 감사를 올려 드릴 수 있습니다.

유대인의 전승에 나오는 이야기입니다. 아브라함이 이삭을 제물로 드리기 위하여 모리아 산에 올라갈 때 이삭이 아브라함에게 묻습니다. "아버지, 몇 시간을 더 올라가야 하나요?" 그때 아브라함은 "더 이상 갈 데가 없을 때까지 가야지. 끝까지 가야 한다."라고 하였습니다. 이삭이 다시 "누구의 끝이요?"라고 묻자 아브라함은 "너의 끝이란다. 더 이상 찬양할 수 없을 때까지 찬양하거라. 기운이 소진할 때까지 예배하거라. 그 지점이 바로 너의 문제가 하나님의 해답을 만나는 곳이란다."라고 하였다고 합니다. 우리의 예배가 성전을 향하여, 하나님의 얼굴을 볼 때까지, 끝까지 초점을 맞추고 드려질 수 있기를 바랍니다.

Application

주의 전을 향하여 예배하는 성도가 되기를 바랍니다.
그리하여 시편의 기자처럼
주의 전을 사모하는 마음이 하늘처럼 높고
바다처럼 넓고 강물처럼 넘치기를 간절히 바랍니다.

º 성전에 나아가기 전 나의 예배 자세는 어떻습니까?
순전함으로 예배를 사모하는 마음으로 나아가는지, 아니면 다른 것들에 마음을 빼앗긴 분주함으로 나아가는지 점검해 봅시다.

º 나의 부족함, 나의 연약함, 나의 어려움에 초점을 맞추는 것이 아니라, 변함 없이 함께하시는 하나님의 사랑에 초점을 맞추어 온전한 감사가 내 안에서 일어날 수 있게 해 달라고 기도합시다.

「시편의 교회」의 결론은
주의 전을 향하여 하나님의 인자와 성실에 감사하며 기도하고 예배하라는 하나님의 명령입니다.
여러분 모두 주의 전을 사랑하는 성도가 되기를 바랍니다. 마음의 중심이 주의 전인 성도가 되기를 바랍니다.
여러분 모두 주의 전을 향하여 예배하는 성도가 되기를 바랍니다. 그리하여 시편의 기자처럼 주의 전을 사모하는 마음이 하늘처럼 높고 바다처럼 넓고 강물처럼 넘치기를 간절히 바랍니다.

시편의 교회
Church of the Psalms

초판발행   2012년 12월 20일
2쇄발행   2013년 2월 25일

지 은 이   이성희
펴 낸 이   채형욱
펴 낸 곳   한국장로교출판사
주　　소   110-470 / 서울 종로구 연지동 135 한국교회100주년기념관 별관
전　　화   (02) 741-4381 / 팩스 741-7886
영 업 국   (031) 944-4340 / 팩스 944-2623
등　　록   No. 1-84(1951. 8. 3.)

ISBN 978-89-398-0479-1 / Printed in Korea
값 13,000원

편 집 장   정현선
교정·교열   이슬기   **표지·본문디자인**   김보경
업무과장   박호애   **영업과장**   박창원

※ 이 출판물은 저작권법에 의해 보호를 받는 저작물이므로 무단전재와 무단복제를 할 수 없습니다.

시편의 교회
Church of the Psalms